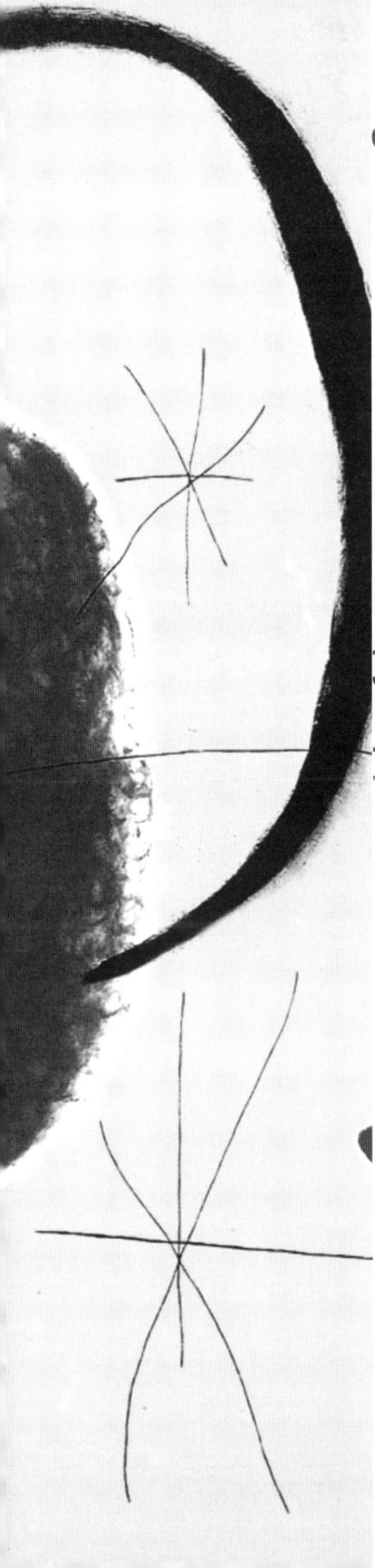

认知行为治疗丛书

主　编　王建平
副主编　张　宁　孙宏伟

孩童厌学

父母自助手册

When Children Refuse School: A Cognitive-Behavioral Therapy Approach (2nd Edition)

[美] 克里斯托弗·A·科尼（Christopher A.Kearney）
安妮·玛丽·阿尔巴诺（Anne Marie Albano）著

王晓菁　付丹丹　译

中国人民大学出版社
·北京·

When Children Refuse School: A Cognitive-Behavioral Therapy Approach——Therapist Guide, 2nd edition by Christopher A. Kearney, Anne Marie Albano
ISBN: 9780195308303
Copyright © 2007 by Oxford University Press, Inc.

When Children Refuse School: A Cognitive-Behavioral Therapy Approach——Parent Workbook, 2nd edition by Christopher A. Kearney, Anne Marie Albano
ISBN: 9780195308297
Copyright © 2007 by Oxford University Press, Inc.

When Children Refuse School: A Cognitive-Behavioral Therapy Approach, Therapist Guide & Parent Workbook, 2nd edition was originally published in English in 2007. This translation is published by arrangement with Oxford University Press.

Simplified Chinese version © 2009 by China Renmin University Press.

目录

CONTENTS

第一章 引言

关于这本父母自助手册

之所以设计这本父母自助手册，是为了便于您和治疗师合作来帮助您家里出现拒绝上学问题的孩子。这本手册定义了拒绝上学的行为，阐述了如何评估您现在面临的状况，告诉您为了让您的孩子愉快地重返校园，您和治疗师都可以做些什么。您需要在一个合格治疗师的指导下使用这本手册，并且这名治疗师也正依据配套的治疗师指南来治疗您的孩子拒绝上学的行为。

哪些是拒绝上学的行为?

拒绝上学行为指的是那些 5～17 岁的孩子，他们拒绝去学校或者无法在教室里待一整天。这是许多家长都在面对的常见问题，所以，别以为你是在孤军奋战。拒绝上学行为是一个费劲而广泛的问题，如果不干预的话，可能会发展成为更加严重的问题。拒绝上学行为可能表现在以下一些方面：

- 完全不去学校。
- 去上学，但是在课间离开学校。
- 去上学，但早上上学前存在问题行为，比如大发脾气或不愿意动。
- 上学总是感觉不开心，央求您或您的配偶不要让他/她去学校。

拒绝上学行为在许多不同的儿童身上都一直存在，包括那些总是缺课的学生以及那些虽然很少缺课但是对上学感觉不开心的学生。拒绝上学行为也可以由问题持续时间的长短来定义。短期拒绝上学行为指的是一学年中问题只持续两周的情况，而长期拒绝上学行为则指的是在持续一学年以上，或者横跨两个学期以上的时间里大部分日子都存在问题的情况。

这本手册所定义的拒绝上学行为，不包括以下这些案例：

- 确实是生理疾病（比如，哮喘）导致上学有困难。
- 退学、父母有意让孩子不去学校。
- 社会或家庭状况影响儿童的生活（如，无家可归，或为了避免受虐待而离家出走）。
- 其他比拒绝上学更加严重的问题（如，家庭作业很差、抑郁、多动、攻击性、缺乏积极性等）。

如果这些情况存在的话，这本手册中的方法并不适用。

拒绝上学行为的频率和主要特征

拒绝上学行为是儿童和青少年的常见问题，发生几率高达28%，男孩和女孩的发病比例均等。大部分存在拒绝上学行为的青少年年龄在10～13岁之间，但是在5～6岁或14～15岁的时候也是一个高峰，因为这两个年龄段的孩子们正好要进入新学校。尽管如此，在5～17岁之间，孩子们可能在任何一个时间出现拒绝上学行为。

存在拒绝上学行为的儿童会表现出许多不同的行为，这些行为可以归为两组。第一组拒绝上学行为比较不外显，常见的例子包括焦虑、社交焦虑和退缩、抑郁、恐惧以及身体不适症状（尤其是肚子疼、头疼、恶心和颤抖等）。第二组行为更加外显，常见的例子包括暴怒（包括哭泣、尖叫、拍打肢体等）、言语和身体的攻击、反复寻求确认、纠缠、拒绝移动、不服从或者是从家或学校逃离。

如果放任拒绝上学行为不管，更严重的问题就会随之出现。短期内，孩子会在家庭作业上出现更多问题、孩子的排名会落后、和朋友会变得疏远。除此之外，孩子可能会和家人发生冲突、他们日常生活的规律被打乱，还会出现法律问题。长此以往，存在拒绝上学行为的孩子可能无法进入大学学习，出现职业和婚姻的问题，以及酒精依赖、犯罪行为、焦虑及抑郁。当然，不是所有的孩子都会出现上述这些问题，但是，当一个孩子越来越多地拒绝上学，出现这些问题的几率也变得越来越高。

拒绝上学行为的原因

尽管儿童表现出不同的拒绝上学行为，但这些行为背后的原因却相当少。临床研究表明，儿童拒绝上学的理由不外乎以下几种：

- 为了逃避学校里那些带给他们负面情绪或不愉快生理症状的某些事物或情境。
- 为了逃避那些让他们感觉痛苦的社交或评价情境。
- 为了得到父母或其他某个重要之人的注意。
- 为了获得学校之外的实质利益，这些利益让他们感觉逃学比上学更有意思。

前两种原因表明孩子们拒绝上学是为了避免学校里的负面事物。孩子们逃避的与学校相关的常见事物有：虐待、火警、体育锻炼、操场、走廊、校规班规等。经常逃避的与学校相关的人一般包括老师、训导员，以及那些在语言和身体上攻击他人的儿童。常见的与学校相关的情境包括考试、表演、体育竞赛、在大家面前演讲或书写等。记住，孩子们常常会同时存在前两类理由而表现出拒绝上学行为。

后两种原因指的是青少年为了得到学校之外的利益而拒绝上学。比如，有时候年龄比较小的儿童拒绝上学，父母就会留在他们身边给他们额外的关注。除此之外，有时候年龄大一些的青少年，他们拒绝上学则是为了得到某种特定的好处，比如，留在家里看电视，和朋友参加社交聚会，或者是喝酒、吸毒等。

有时候，儿童拒绝上学可能存在上述两种或两种以上的原因。比如，有些儿童最初因为对学校的某些事情感觉不安，拒绝上学仅仅是为了避免这些事情，但随后，他们发现留在家中可以做许多有意思的事情。因此，这些儿童拒绝上学不仅是为了避免一些不愉快的学校情境，同时也是为了在家中得到一些额外好处。还有一些孩子因为拒绝上学的时间太长，和朋友们分开太久，他们面临的难题是回到学校后需要面对新的班级、老师和同学。

那些因为两种或两种以上的原因而拒绝上学的孩子，比起那些因为单纯一种原因拒绝上学的孩子，也许需要更多样化的治疗方式，因此也需要更长的治疗时间。同样，那些拒绝上学时间更久的孩子，比起出现拒绝上学行为时间较短的孩子，需要更长时间和更加深入的治疗。因为孩子们往往都不会仅仅只因为一种原因就拒绝上学，因此，您需要阅读跟您的家庭相关的所有章节。

拒绝上学行为的传统治疗

由于拒绝上学行为是个严重的问题，心理健康专家和教育者尝试了不同的方式来进行治疗。常见的方式有：

- 增加父母和孩子之间的距离，减少因分离而带来的问题。
- 增进孩子在班级中的自尊。
- 教授给孩子放松的技巧以应对学校里那些让他们感觉不安的人或事。
- 强制孩子上学。
- 和家庭成员商讨解决拒绝上学问题的方法。
- 给孩子服用抗焦虑或抗抑郁的药物。
- 让孩子参加寄宿生计划。

通常来说，这些方法对部分拒绝上学的孩子是有效的，但不是全部。例如，增加父母和孩子间的距离或强制孩子去上学对年龄较小的儿童比较管用，但对青少年却不起作用。其他的方式，比如家庭治疗，需要许多语言沟通，对年龄较小的儿童并不是非常合适。还有，教授孩子放松技巧对害怕学校的孩子可能有效，但对不害怕学校的孩子却没有效果。同样，药物治疗对一些孩子有效，对另一些却完全不是，而且药物的副作用有时候会成为新的问题。最后，寄宿生计划往往对长期拒绝上学行为更有效，对短期的却没什么效果。

治疗拒绝上学行为的一种新模式

传统治疗方式并不适用于所有儿童，因此，这本手册将依据孩子拒绝上学的原因将拒绝上学行为分为几大类。针对每一个孩子的情况，依据孩子最接近的类别，给出特定的治疗方式。比起只用单一的方式来治疗所有拒绝上学的儿童，这种模式更为有效。

本手册的第二章描述了将拒绝上学儿童分成四类的具体方法。之后，就可以依据分类给予特定的治疗。对每一个类别，都有一种特殊的治疗方法。如果某个儿童可以被分到某两类或更多类中，相应的治疗方式也随之增多，增加至两种或两种以上。总的来说，这也许是改变不同的拒绝上学行为的最佳途径。在第二章中我们会列出具体的治疗方式。

拒绝上学行为特定案例的特殊信息

这本手册适合您的孩子吗?

孩子拒绝上学可能是由各种各样的原因造成的，所以您可能难以判断这本手册是否适合您的孩子。以下提供的是在您第一次与治疗师见面时，治疗师可能会问您的一些问题。您对这些问题的回答决定了这本手册的适用性。

孩子是否刚刚开始拒绝上学?

这个问题的答案对决定是否需要进一步的治疗和评估可能很重要。如果您的孩子拒绝上学的问题持续时间少于两周，那么，这个问题有很大的机会可以“不治而愈”。在这种情况下，治疗师会建议您，如果问题持续出现，则一周内回访，或预约一周之后的再次会谈。在大多数情况下，因为孩子自己已经返校，再次会谈会被取消。

相反，如果您的孩子拒绝上学的行为在至少一周内每天都在发生，而且这种行为越来越严重，以至于导致严重的家庭冲突或影响了家庭日常生活，那么，治疗师会建议您对孩子进行评估。在这种情况下，或者如果您的孩子有超过两周的时间拒绝上学，进行评估就是最恰当的选择。

孩子的主要行为问题是什么？

尽管这个问题似乎难以回答，但是，努力想想看，您的孩子是否存在其他比拒绝上学严重得多的行为问题？问问您自己，比如，您的孩子是否会出现：

- 害怕离开家或离开您，不管是什么原因，而不仅仅是拒绝上学。
- 在很多情况下悲伤或缺乏积极性，不仅仅是在上学问题上。
- 最近表达过有关伤害自己的想法。
- 在任何情况下都比同龄的孩子更加好动。
- 在学校受挫，但并非由拒绝上学导致的。
- 不论您让他/她做什么他/她都不做，不光是在上学的问题上这样。
- 规律的饮酒或服用其他药物。
- 时常偷窃或损坏财物。
- 频繁地攻击他人。

如果您的孩子在上述这些方面的行为问题比拒绝上学更严重的话，那么，这本手册也许只能部分适用于您的孩子。之所以说部分适用，是因为改变孩子的拒绝上学行为也许可以成为改变其他行为问题的第一步。例如，一个孩子不听话、“不受控制”，尽管这些行为确实是问题，但是，许多家长仍然希望先解决拒绝上学的问题，因为拒绝上学这个问题更加紧急，而且，如果改善了拒绝上学这个问题，就会带动孩子在其他方面进步。正因为让孩子返校上学是解决许多其他问题的第一步，因此，我们说，这本手册里展示的治疗方式也许会对您有帮助。

然而，因为您的孩子的问题，您可能会感觉“一片黑暗”或迷惑不解、惴惴不安。在这种情况下，您很难判断您的孩子的行为中，哪些是最严重的。试着告诉治疗师您的孩子出现的各种不同行为，信息越充分越好。当您在做这件事时，避免犯一些家长们经常犯的错误。那些家长把注意力更多地放在那些明显的行为上，比如，违反宵禁规定、不做家庭作业等，但却很少注意到焦虑和抑郁的征兆。试着向治疗师提供您的孩子身上各种相关行为的信息，尽管您很难鉴别哪些更重要；另外，还可以联系一下其他相关的人，比如孩子的老师，这些人也许可以提供其他的信息。

哪些情有可原的情况会导致孩子拒绝上学?

在许多案例中，孩子拒绝上学都在一定的情有可原的情况下发生。例如，治疗师都希望先了解一下孩子的健康状况，孩子拒绝上学常常会和生理问题相关，比如哮喘、疼痛、失眠、糖尿病、感染或生理残障等。如果您觉得您的孩子存在这种可能性，您应该先找一位儿科医生给孩子做个全面体检，此外，在整个心理治疗的过程中，您和治疗师（在您的许可下）在必要和适当的情况下应该向医生征求相关的建议。

还有一些情况，即家长因为经济原因让孩子留在家里，因为自己的焦虑问题而把孩子当作自己的保护人，或者害怕孩子出门会被绑架，甚至更严重的家庭问题，如性虐待，也可能发生。如果这些状况存在的话，和治疗师谈一谈。许多家庭会因为感觉尴尬或者害怕而不愿意告诉治疗师这些重要信息，但是，这对治疗师来说非常重要，只有当他/她了解这些真实的情况之后，才有可能制定最佳的治疗计划来帮助您和您的孩子。

孩子的年龄?

治疗师通常会询问孩子的年龄，年龄非常重要，因为本手册里所述的治疗方法是为 5～17 岁的孩子设计的，而不是为那些 5 岁以下，可能不愿去学前班或托儿所的孩子专门设计的。治疗师了解到您的孩子的年龄后，就会对什么样的方式最合适来评估和治疗您的孩子有初步的想法。比如，更多依赖口头讨论的治疗方式也许更适合青少年，而不是幼儿。相反，用强行把孩子送去学校的方法来对付一个 6 岁的孩子，比用来对付一个 16 岁的孩子要管用得多。

您的孩子的问题是否极端严重？

这本手册所述的方法也许不太适合极端严重的拒绝上学问题。严重的案例可能伴有极端抑郁、严重的怠学行为、拒绝上学的时间超过两年以及其他行为。在这些案例中，其他治疗有必要先于对拒绝上学问题的治疗，或者是和本手册所述的方法同时进行。其他的治疗包括：对极端焦虑个体的药物治疗、对有严重怠学行为的孩子的寄宿或住院治疗、对越来越不愿意去上学的孩子进行转校等。和治疗师多谈谈有哪些可选的治疗方式，让您的孩子得到最佳的治疗。

如果这本手册不太适合您的孩子？

如果您对这本手册是否适合您的孩子还有疑虑，那么，和经验丰富的治疗师谈谈是个好办法。治疗师会告诉您这本手册和治疗师指南里的方法是否对您的孩子有帮助。如果有必要，治疗师会将您转介给其他更加擅长处理您的孩子问题的治疗师。记住，这本手册所提供的方法是专门针对那些主要问题就是拒绝上学的孩子们而设计的。

阅读这本手册对您有什么好处？

这本手册的作用是帮助您和一位合格的治疗师一起来解决您的孩子的问题，在治疗的过程中，治疗师使用的是相对应的治疗师指南。这本手册可以帮助您了解在评估和治疗您的孩子的过程中，治疗师究竟在做些什么，同时也对您在此过程中可能产生的疑问作了回答。在您更好地了解这些方法之后，您会成为治疗师评估和治疗您的孩子过程中的一名积极参与者。**您和您的家庭成员如果能在手册的指导下行动，这本手册里所讲述的方法就会奏效**。这本父母自助手册清晰地、循序渐进地讲述了整个过程，帮助您与治疗师更好地合作。

在使用这本手册和治疗师合作时，您需要在每次个人会谈前详细地重复阅读所有部分（如，第一次治疗会谈），熟悉各个治疗会谈的主要观点，对一些重要的观点和概念做笔记，如果在阅读当时或之后有任何问题或想法，也写下来，在任何可能的时候和治疗师讨论这些内容。

这本手册中所讲述的方法是根据临床经验设计的，并且在很多问题的处理上都得到了验证。尽管如此，我们还是要强调，这些方法只适用于那些存在典型拒绝上学问题的个案。因此，对于您的孩子来说，可能在真正实施治疗的时候会有一些变化。例外的情况很常见，因此治疗方法是灵活有弹性的，您在和治疗师合作的时候也需要保持灵活性和弹性。比方说，有些个案治疗的实际时间比手册所述要短一些，而另一些案例则需要更多的治疗时间。这本手册仅仅是一个指导手册。

父母自助手册的结构

当治疗师采用手册所讲述的方法来治疗您的孩子时，这本手册会告诉您各个阶段的大概内容是什么。在使用这些方法时，您需要确保找到一位合格的治疗师。第二章的内容是评估阶段的状况以及您可以如何帮助治疗师一起控制孩子的行为。第三章讲述的是咨询和治疗期间的状况。第四章到第七章则描述了各种不同类型拒绝上学问题的治疗，包括案例以及疑难解答。最后是第八章，介绍如何预防复发。

第二章 评估

这一章介绍了拒绝上学儿童的评估过程，包括评估的目的、方法，每日进展控制，联系学校办公室以及其他相关信息，除此之外，还提供了一个简单的个案。

什么是评估？评估的目的是什么？

评估指的是治疗师收集孩子信息的过程。治疗师设置了特定的评估程序来更好地了解您、您的孩子及其拒绝上学的行为。在这个阶段的一开始，治疗师会告诉您和您的孩子，绝大多数收集的信息都是保密的（当然，治疗师也会告诉您哪些情况下会有例外），也就是说，除非得到您的许可，他/她不会将这些信息告诉任何其他人。您需要阅读一份知情同意书并在上面签字，以表明您已经了解了治疗的相关程序。知情同意书允许治疗师向那些也许帮得上忙的人询问相关信息，比如，学校职员等。为了能和您及孩子有一个更轻松的交谈氛围，在评估阶段，治疗师可能有时会分别单独见您或孩子。

尽管您所谈论的某些问题会比较敏感，但是您、您的配偶或伴侣（如果有的话）及您的孩子应该尽可能真实地回答。这可以帮助治疗师得到以下三个基本问题的答案：

- 您的孩子最主要的行为问题是什么？
- 是什么原因让孩子的拒绝上学行为持续出现？
- 什么治疗对孩子最恰当？

为了回答这些问题，治疗师需要知道您的孩子的拒绝上学问题究竟是什么样的。例如，他/她可能会问，您的孩子是如何逃避学校的，对这个问题是怎么想的，是否有生理上的症状等。治疗师还必须了解您的孩子多久去一次学校，以及在过去的几天、几周和几个月内，拒绝上学的情况如何。他/她还会要了解您的孩子拒绝上学的问题为什么会一直持续下来，为了了解这个情况，他/她可能会问您，如果拒绝上学，孩子可能会得到哪些好处？他/她拒绝上学是否受到了您或其他家庭成员的影响？当孩子拒绝上学的时候，您或您的配偶会如何应对？

在评估过程中，治疗师还会希望了解您家庭的互动模式，您的教养风格，您的孩子的性格、社交关系、学习成就以及其他相关问题。治疗师也可能会问一些其他问题，包括您有哪些顾虑等。和治疗师进行这样的谈话有时会让人感觉不太舒服，但是这可以帮助治疗师更好地了解您的处境，并制定出好的治疗方案。评估阶段的讨论会帮助您和您的孩子与治疗师建立积极的关系，这在之后的治疗中会起到关键作用。

评估期间会发生什么？

没有一种评估过程是威胁性的，但是可能会涉及一些敏感领域。治疗师使用的基本程序包括访谈和量表。当您的孩子尝试回校上学时，治疗师希望能发现这种迹象。记住，您可以选择拒绝回答任何问题或参与评估过程的任何一个环节。在评估过程中，您也可以随时向治疗师提问。

访谈

当评估某个行为问题时，大多数治疗师都会选择某种形式的访谈。不同的治疗师会选择不同形式和不同风格的访谈。他们问的问题范围很广，个案不同，问的问题也会不同。但是，为了帮助您准备这些问题，这里列举了一些通常会被问到的问题。

您的孩子因为对学校的某些事物感到苦恼或心烦而拒绝上学的行为多久发生一次？问题如下：

- 您的孩子是否比同龄的大多数孩子对学校更感到心烦？

- 哪些学校相关的事物或情境是孩子想回避的？（特别是校车、教室中的物品、课间、活动间隙、操场、咖啡厅、体育馆、走廊、灭火器）
- 孩子是否告诉过您他/她近期的负面生活事件，或您有没有注意到他/她的行为有突然的改变？
- 孩子有没有告诉过您或您有没有发现一些与上学相关的特殊情绪或生理症状？都有些什么？
- 这些问题是每天都发生还是只在上学日发生？

您的孩子因为想逃避学校的社交和/或评价情境而拒绝上学的行为多久发生一次？问题如下：

- 您的孩子会比同龄的大多数孩子更希望逃避这些情境吗？
- 学校哪些社交或评价情境是孩子逃避的？（特别是在他人面前写作或演讲，和陌生人见面，和同伴交往，在朗诵会、测验和运动竞赛中的表现，处于人群中或接近人群）
- 孩子有没有告诉过您最近的负面社交或评价事件，或您有没有注意到他/她的社交行为有突然的改变？
- 孩子有没有告诉过您或您有没有注意到他/她有一些由社交或评价情境引发的特殊情绪或生理症状？都有些什么？
- 这些问题主要在社交或评价情境中出现还是在学校相关的情境中出现？

您的孩子因为想要获得您或者其他重要之人的关注而拒绝上学的行为多久发生一次？问题如下：

- 您的孩子是否比大多数同龄孩子表现出更多寻求注意的行为？
- 为了获得您的关注，孩子表现出了哪些特殊的行为？（特别是黏人、反复寻求确认、拒绝移动、发脾气、打电话、抗议、言语要求关注、引发内疚行为，或为了和您在一起而逃学）
- 孩子有没有告诉过您最近的负面生活事件，或您有没有注意到他/她突然改变了对您的行为？
- 孩子有没有告诉过您或您有没有注意到他/她在和您交流或离开您时会有特别的情绪或生理症状？都有些什么？

- 这些问题主要发生在日常情境中还是发生在学校相关的情境中？

您的孩子因为想要获得学校外的实质利益而拒绝上学的行为多久发生一次？问题如下：

- 您的孩子是否比大多数同龄孩子更希望从学校外获得实质利益？
- 哪些特殊利益是他/她离开学校可以得到的？（特别是和朋友待在一起、药物滥用、在家看电视或玩游戏、骑脚踏车、逛商店或娱乐场所）
- 孩子有没有告诉过您最近的负面生活或学校事件，或您有没有注意到他/她的行为有突然的改变？
- 孩子有没有告诉过您或您有没有发现他/她去上学或离开学校时表现的特殊情绪或生理症状？都有些什么？
- 孩子追寻实质利益的行为主要发生在日常情境还是上学的时候？

您的孩子是否因为同时具有上述的几种原因而拒绝上学？如果是的话，您认为哪个原因是最主要的？

记住，治疗师不会只问上述这些问题，您的孩子的其他行为可能也需要进行评估，治疗师需要各种类型的信息。因此，您可以在访谈时多说一些其他的信息，您想要说多少都可以。一般来说，您给的信息越详细越好。此外，如果治疗师没有问到上述这些问题，您可以在评估访谈的过程中主动向治疗师提供并告诉治疗师您的答案。

量表

治疗师也可能会让您和您的孩子填写一些量表，比起评估访谈，量表通常用来收集额外的、更加专门化的信息。例如，您的孩子可能会填写一些量表以评价他/她的总体焦虑和社交焦虑、抑郁、恐惧、自尊以及喜欢学校的程度。还会有一些量表可能用来测试您的孩子外显的行为。

治疗师可能也会让您来填写一些量表，例如父母量表，内容可能是针对您的孩子的行为、您的婚姻状况以及您的家庭互动模式。在您的许可下，治疗师可能还会让孩子的老师来填写一份量表，内容包括孩子在学校的社交、成绩、问题行为等。在答应完成量表之前，仔细地阅读这些量表。

您的治疗师可能会让您完成的最关键的量表就是拒绝上学行为评估量表（修订版）（School Refusal Assessment Scale-Revised，SRAS-R）。SRAS-R 用于鉴别您的孩子拒绝上学的最主要原因。这一量表有两个版本，家长版本和儿童版本，这一章的最后就有这两个版本的量表。在填写量表时，尽量保证实事求是。

观察

如果可行的话，治疗师会直接观察您的孩子和您家庭的清晨活动。这种观察会给治疗师更多的信息，帮助他/她更好地理解您的孩子为什么会一直拒绝上学。治疗师希望能在不同的情形下观察到您的孩子和您家庭的行为模式。

如果您初步判定您的孩子拒绝上学主要是为了避免学校里让他/她感觉苦恼的事，那么，比较一般情况下让孩子去上学和以下这些情境下孩子的行为差异就显得非常有必要：

- 特定的情境下让孩子去上学（例如，不需要整天上学时，有体育课时，需要和同伴一起吃午餐时或需要去操场时）。
- 当您让孩子和您一起去类似于学校的大楼时（如，繁忙的大办公楼）。

如果你认为孩子是因为逃离不愉快的社交情境或评价情境而拒绝上学，那么，比较一般情况下让孩子去上学和以下这些情境下孩子的行为差异就显得非常有必要：

- 特定的情境下让孩子去上学（例如，朗诵、口头报告、体育活动、紧张的社交活动）。
- 在没有人或只有几个人的情境下让孩子去上学。

如果您认为您的孩子是为了获得注意而拒绝上学，那么，比较一般情况下让孩子去上学和以下这些情境下孩子的行为差异就显得非常有必要：

- 您和孩子一起去学校和/或教室。
- 许诺孩子在一天中的任何时候都可以联系您，让您（或您的配偶）把他/她从学校接走。

如果您认为您的孩子拒绝上学主要是为了在校外玩乐，那么，比较一般情况下让孩子去上学和以下这些情境下孩子的行为差异就显得非常有必要：

- 去上学，他/她就能获得更多的奖励。
- 拒绝上学，玩乐机会就会受到限制。

治疗师会观察在不同的情境下，孩子的行为是否发生改变。治疗师会重点观察以下这些方面的情况：

- 黏人、拒绝移动、逃跑和/或不听从父母的命令和要求。
- 生理表现，如胃疼、头疼、肚子疼、发抖、恶心/呕吐。
- 抱怨学校让他/她感觉不舒服。
- 突然发生的行为改变。
- 恳求结束观察和回家。
- 您和您家庭成员对孩子行为的反应。
- 老师报告的孩子在学校中的行为。

什么治疗方式对您的孩子最好？

在评估结束时，您和治疗师应该弄清您的孩子拒绝上学的主要行为表现及这个问题持续发展的原因。在评估结果中，治疗师会为您的孩子制订治疗方案。治疗师将会根据孩子拒绝上学的原因给予不同的治疗：

- 如果您的孩子拒绝上学主要是为了避免校园中带来痛苦的事物，那么，治疗的焦点应该集中在减少生理症状和拒绝上学的行为。
- 如果您的孩子拒绝上学主要是为了避免校园中不愉快的社交或表演情境，那么，治疗的焦点则集中在建立社交/应对技巧及降低社交焦虑上。
- 如果您的孩子拒绝上学是为了获得注意，那么，治疗的重点是改进家长命令、生活规律及纪律方式。这样做的目的是把注意转向上学，避免逃学行为。

- 如果您的孩子拒绝上学是因为在学校外面可以得到更多的乐趣，那么，治疗的重点是提高家庭协商处理问题的能力，增加对上学的奖励，同时减少拒绝上学给孩子带来的乐趣。

如果您的孩子同时因为两到三种原因而拒绝上学，上述的几类治疗方式可以综合运用。在本书后面的章节中，我们会详细地描述这些治疗方式。

治疗师还会要求您和您的孩子以天为单位记录上学或拒绝上学的行为。这将有助于您和孩子更好地了解治疗后产生的变化。当然，在您和治疗师交流时，您和您的孩子并不是仅仅依靠这些记录。这些信息会帮助治疗师了解您和孩子目前的状况，在必要的时候，治疗师会据此调整治疗方案。此外，关于行为改变的记录还可以用来评估治疗效果。

治疗师也可能要求您和您的孩子每天在日志上对上学行为进行打分。日志格式见后文。您可以复印下来或从本丛书的官方网站（www. oup. com/us/ttw）下载后使用。

孩子和家长的日志应该分开保存。注意不要影响孩子自己的打分，您要做的是提醒孩子每天记得填写日志表格。如果您的孩子不知道如何打分，就让孩子尽快和治疗师联系。

打分的标准是 0～10 分，其中 0 代表没有，10 代表极度。打分的范围包括您的孩子的焦虑（紧张、不安）、抑郁（悲伤、不快乐）、痛苦（一般恐惧或失落感）。除此之外，您还需要记录孩子不服从（不听从父母的要求）和破坏家庭日常功能的行为，记录孩子的行为问题及拒绝上学的具体时间。最后，如果有任何您认为有必要让治疗师了解的事件，您都可以记录在日志的前面或后面。

治疗师会告诉您和您的孩子如何来完成日志记录。他/她可能会给您和您的孩子展示一份已经填写完整的样本，通过样本来解释如何进行打分。大部分时候，您和您的孩子应该在每天晚上完成当天的日志记录。在评估阶段结束之前，您和您的孩子有任何关于日志记录的问题，记得随时向治疗师进行询问。当然，在随后的几天中，如果出现任何问题，也请立即联系治疗师解决。

这些日志能向治疗师生动地展现孩子在家庭和学校中遇到的各种场景，当然，也有助于您更好地了解您的孩子的行为模式。因此，您和您的孩子每天完成日志记录并带给治疗师就显得尤其重要。下一个阶段，也就是咨询会谈阶段，通常安排在评估结束之后的5～7天内。

联系学校工作人员

允许治疗师联系孩子学校的工作人员（这是可选的），获得更多的信息会有助于咨询的进展。有帮助的工作人员可能包括教师（包括科任教师，如体育教师等）、学校的心理师、指导顾问、校长、主任、图书馆管理员及其他的职工。您和您的治疗师应该在治疗期间保持和这些人的联系。能从学校工作人员处得到的重要信息可能包括：

- 课程时间表、成绩、作业和要求完成的补充作业。
- 学校老师和同学对孩子的看法和态度。
- 让孩子重新回到学校的时机和程序。
- 孩子重新回到学校的潜在阻碍。
- 对孩子拒绝上学行为的确认。
- 孩子在校的一般社交行为或其他行为。
- 学校的大致情况，如储物柜、咖啡厅、图书馆和其他设施的位置。
- 治疗程序有效性的反馈。
- 惩戒规定及相关程序。
- 适用的或个性化的教育计划。
- 关于缺课、操行或离开学校区域的规则。
- 选修课。
- 学校以前或目前给予父母的关于处理孩子拒绝上学行为的建议（如家教、药物治疗、强制上学）。

如果您和学校工作人员有过冲突，请一定告诉您的治疗师。尽管这种冲突很常见，但是记住，要与学校协商合作。学校工作人员在改变孩子拒绝上学的行为上扮演重要角色，比如，热心的学校工作人员在让学生回到校园并将孩子留住的过程中会起到关键作用。如果有必要，您应该让治疗师作为您和学校工作人员的中间人。在治疗期间，您也应该尽量修复您和学校工作人员的关系。

联系医疗专家

治疗师可能会要求您允许他/她联系您的孩子的内科医生或其他曾经治疗过或现在正在治疗您的孩子的医疗专家。如果您的孩子存在特定健康状况（如，哮喘、疼痛等），本手册中所描述的治疗程序就需要有所改变。记得和治疗师彻底地讨论所有长期影响您的孩子的健康状况。

评估和确定治疗方案的示例

下面简单描述一个示例。这是一个 9 岁的男孩，他在过去三个月内有间断性不上学表现。基本的行为问题包括哭泣、黏人、央求父母允许他不上学、从教室逃跑。随着时间的推移，这些不上学行为问题逐渐严重起来，他已经有四个星期没上学了。他的父母带他来寻求治疗，他们不敢强制他上学。不上学的时候，孩子在家和妈妈一起玩游戏、看电视，或者在附近骑自行车。

治疗师经过访谈、量表和观察进行评估，发现孩子拒绝上学的原因有两个：获得注意及在校外能得到更多乐趣。孩子告诉治疗师，如果他知道他妈妈会坐在学校办公室，他能随时联系到她的话，他很乐意回去上学。但如果是治疗师代替妈妈坐在学校的办公室，就不是那么回事了。另外，当取消他每天感兴趣的活动时，他大发脾气。因此，治疗师推荐同时采用两种治疗方式。训练家长减少对拒绝上学行为的关注；让孩子和家长制定协议：如果去上学，就增加奖励，但是如果拒绝上学，就取消校园外获得的那些乐趣。

孩子日志

你的姓名：________________________________

请你每天在以下项目上打分。0＝没有，2＝轻微，4＝中度，6＝明显，8＝严重，10＝极度（对于年龄较小的孩子：0＝一点也不，2～3＝有一点，5＝一些，7～8＝较多，10＝非常多）。

日期	焦虑	抑郁	痛苦
________	________	________	________
________	________	________	________
________	________	________	________
________	________	________	________
________	________	________	________
________	________	________	________
________	________	________	________
________	________	________	________
________	________	________	________

请列举上次会谈后你在家或学校表现出的任何问题：

____

____

____

____

____

____

____

____

____

____

____

家长日志

您的孩子的姓名：________________________________

请您每天给孩子的行为打分。0＝没有，2＝轻微，4＝中度，6＝明显，8＝严重，10＝极度。

日期	焦虑	抑郁	痛苦	不服从	破坏
______	______	______	______	______	______
______	______	______	______	______	______
______	______	______	______	______	______
______	______	______	______	______	______
______	______	______	______	______	______
______	______	______	______	______	______
______	______	______	______	______	______
______	______	______	______	______	______
______	______	______	______	______	______
______	______	______	______	______	______

请列举上次会谈后孩子在家或学校表现出的任何具体问题：

____

____

____

____

____

____

请列出自从上次会谈以来，孩子缺课的时间：

____

____

____

____

____

儿童用拒绝上学行为评估量表（修订版）（SRAS-C）

孩子们有时会因为不同原因而不上学，有些孩子是因为在学校感觉很差，有些则是无法和别人相处，有些仅仅是想和家人待在一起而不愿上学，还有些孩子则是喜欢在学校外做一些好玩的事情而不上学。

这个表格会询问你关于为什么不上学的一些问题。对每一个问题，请根据最近的情况选择最适合你的数字。回答完一个问题后，继续回答下一个，不要遗漏任何问题。

答案没有对错之分，只要选择最符合你的上学情况的答案就可以，请在数字上画圈。

下面是一个示例，试一试，选出最符合你情况的数字，并画上圆圈。

示例：

你多长时间去购物一次？

从不	几乎不	有时	一半时间	经常	几乎总是	总是
0	1	2	3	4	5	6

现在请翻到下一页，开始回答问题。

儿童用拒绝上学行为评估量表（修订版）

姓名：________________

年龄：________________

日期：________________

请圈出最适合你自己的答案：

1. 你是否会因为害怕学校相关的事情（如，考试、乘坐校车、老师、火警）而经常对上学产生不好的情绪？

从不	几乎不	有时	一半时间	经常	几乎总是	总是
0	1	2	3	4	5	6

2. 你是否会因为在学校很难和其他孩子交流而经常旷课？

从不	几乎不	有时	一半时间	经常	几乎总是	总是
0	1	2	3	4	5	6

3. 你是否经常觉得宁愿和父母待在一起也不愿去上学？

从不	几乎不	有时	一半时间	经常	几乎总是	总是
0	1	2	3	4	5	6

4. 当你一周时间（周一到周五）都不上学时，你是否经常会离开家去做一些有趣的事情？

从不	几乎不	有时	一半时间	经常	几乎总是	总是
0	1	2	3	4	5	6

5. 如果你去上学，你是否会因为感到难过或抑郁而经常旷课？

从不	几乎不	有时	一半时间	经常	几乎总是	总是
0	1	2	3	4	5	6

6. 你是否因为在学校其他人面前感到尴尬而经常旷课？

从不	几乎不	有时	一半时间	经常	几乎总是	总是
0	1	2	3	4	5	6

7. 在学校上学的时候，你是否常常会想起你的父母或家人？

从不	几乎不	有时	一半时间	经常	几乎总是	总是
0	1	2	3	4	5	6

8. 当你一周时间（周一到周五）都不上学时，你是否经常会和其他人交谈或去见其他人（不包括你的家人）？

从不	几乎不	有时	一半时间	经常	几乎总是	总是

0 1 2 3 4 5 6

9. 相比于在家和朋友们相处的感觉而言，你在学校是否经常会感到更糟糕（如，恐惧、紧张或悲伤）？

从不 几乎不 有时 一半时间 经常 几乎总是 总是

0 1 2 3 4 5 6

10. 你是否会因为在学校没有什么朋友而经常旷课？

从不 几乎不 有时 一半时间 经常 几乎总是 总是

0 1 2 3 4 5 6

11. 你有多强烈的愿望宁肯和家人待在一起也不愿上学？

从不 几乎不 有时 一半时间 经常 几乎总是 总是

0 1 2 3 4 5 6

12. 当你一周时间（周一到周五）都不上学时，你在多大程度上会享受于做一些不同的事情（如，和朋友们待在一起，去某些地方）？

从不 几乎不 有时 一半时间 经常 几乎总是 总是

0 1 2 3 4 5 6

13. 当你在周六和周日想起学校时，你是否经常会对学校产生不好的情绪（如恐惧、紧张或悲伤）？

从不 几乎不 有时 一半时间 经常 几乎总是 总是

0 1 2 3 4 5 6

14. 你是否经常会回避学校的某个特定地方（如走廊、某些人常出现的地方），因为在那儿你不得不和某人说话？

从不 几乎不 有时 一半时间 经常 几乎总是 总是

0 1 2 3 4 5 6

15. 你有多强烈的愿望宁愿在家接受父母的教育也不愿上学接受老师的教育？

从不 几乎不 有时 一半时间 经常 几乎总是 总是

0 1 2 3 4 5 6

16. 你是否经常因为想在学校外玩而拒绝上学？

从不 几乎不 有时 一半时间 经常 几乎总是 总是

0 1 2 3 4 5 6

17. 如果你对学校的情绪没那么糟糕（如恐惧、紧张或悲伤），去上学对你来说会不会更容易一些？

从不 几乎不 有时 一半时间 经常 几乎总是 总是

0 1 2 3 4 5 6

18. 如果交新朋友对你来说自如一点，是不是去上学会更容易一些？

从不	几乎不	有时	一半时间	经常	几乎总是	总是
0	1	2	3	4	5	6

19. 如果父母和你一起去上学，是不是去上学会更容易一些？

从不	几乎不	有时	一半时间	经常	几乎总是	总是
0	1	2	3	4	5	6

20. 如果在放学后的时间里能做更多喜欢的事情，是不是去上学对你来说会更容易一些？

从不	几乎不	有时	一半时间	经常	几乎总是	总是
0	1	2	3	4	5	6

21. 相比于同龄孩子而言，你对学校的不好的情绪（如，恐惧、紧张或悲伤）会多多少？

从不	几乎不	有时	一半时间	经常	几乎总是	总是
0	1	2	3	4	5	6

22. 相比于同龄孩子而言，你在学校会有多少时间一个人待着？

从不	几乎不	有时	一半时间	经常	几乎总是	总是
0	1	2	3	4	5	6

23. 相比于同龄孩子而言，你更愿意和父母待在家里吗？

从不	几乎不	有时	一半时间	经常	几乎总是	总是
0	1	2	3	4	5	6

24. 相比于大多数同龄孩子而言，你是否更愿意在校外找些有趣的事情来做？

从不	几乎不	有时	一半时间	经常	几乎总是	总是
0	1	2	3	4	5	6

请勿在此线下面写字

---

1. ________ 2. ________ 3. ________ 4. ________
5. ________ 6. ________ 7. ________ 8. ________
9. ________ 10. ________ 11. ________ 12. ________
13. ________ 14. ________ 15. ________ 16. ________
17. ________ 18. ________ 19. ________ 20. ________

21. ___________ 22. ___________ 23. ___________ 24. ___________

总　　分＝__________　__________　__________　__________

平 均 分＝__________　__________　__________　__________

相对等级＝__________　__________　__________　__________

父母用拒绝上学行为评估量表（修订版）（SRAS-P）

姓名：________________

日期：________________

请圈出最适合的答案：

1. 因为害怕学校相关的事情（如，考试、乘坐校车、老师、火警），孩子是否经常会对上学产生不好的情绪？

从不	几乎不	有时	一半时间	经常	几乎总是	总是
0	1	2	3	4	5	6

2. 因为在学校很难和其他孩子交流，您的孩子是否经常会旷课？

从不	几乎不	有时	一半时间	经常	几乎总是	总是
0	1	2	3	4	5	6

3. 孩子是否经常会觉得宁愿和您或您的配偶待在一起也不愿去上学？

从不	几乎不	有时	一半时间	经常	几乎总是	总是
0	1	2	3	4	5	6

4. 当孩子一周时间（周一到周五）都不上学时，他/她是否经常会离开家去做一些有趣的事情？

从不	几乎不	有时	一半时间	经常	几乎总是	总是
0	1	2	3	4	5	6

5. 如果孩子去上学，他/她是否经常会因为感到难过或抑郁而旷课？

从不	几乎不	有时	一半时间	经常	几乎总是	总是
0	1	2	3	4	5	6

6. 孩子是否经常会因为在学校其他人面前感到尴尬而旷课？

从不	几乎不	有时	一半时间	经常	几乎总是	总是
0	1	2	3	4	5	6

7. 在学校上学的时候，孩子是否经常会想起您、您的配偶或其他家庭成员？

从不	几乎不	有时	一半时间	经常	几乎总是	总是
0	1	2	3	4	5	6

8. 当孩子一周时间（周一到周五）都不上学时，他/她是否经常会和其他人交谈或去会见其他人（非家庭成员）？

从不	几乎不	有时	一半时间	经常	几乎总是	总是
0	1	2	3	4	5	6

9. 相比于在家和朋友们相处的感觉而言，孩子在学校是否经常会感到更糟糕（如，恐惧、紧张或悲伤）？

从不	几乎不	有时	一半时间	经常	几乎总是	总是
0	1	2	3	4	5	6

10. 孩子是否经常会因为在学校没有什么朋友而旷课？

从不	几乎不	有时	一半时间	经常	几乎总是	总是
0	1	2	3	4	5	6

11. 孩子有多强烈的愿望宁肯和家人待在一起也不愿上学？

从不	几乎不	有时	一半时间	经常	几乎总是	总是
0	1	2	3	4	5	6

12. 当孩子一周时间（周一到周五）都不上学时，他/她在多大程度上会享受于做一些不同的事情（如，和朋友们待在一起，去某些地方）？

从不	几乎不	有时	一半时间	经常	几乎总是	总是
0	1	2	3	4	5	6

13. 当孩子在周六和周日想起学校时，他/她是否经常会对学校产生不好的情绪（如恐惧、紧张或悲伤）？

从不	几乎不	有时	一半时间	经常	几乎总是	总是
0	1	2	3	4	5	6

14. 孩子是否经常会回避学校的某个特定地方（如走廊、某些人常出现的地方），因为在那儿他/她不得不和某人说话？

从不	几乎不	有时	一半时间	经常	几乎总是	总是
0	1	2	3	4	5	6

15. 孩子有多强烈的愿望宁愿在家接受您或您配偶的教育也不愿上学接受老师的教育？

从不	几乎不	有时	一半时间	经常	几乎总是	总是
0	1	2	3	4	5	6

16. 孩子是否经常会因为想在学校外玩而拒绝上学？

从不	几乎不	有时	一半时间	经常	几乎总是	总是
0	1	2	3	4	5	6

17. 如果孩子对学校的情绪没那么糟糕（如恐惧、紧张或悲伤），去上学对他/她来说会不会更容易一些？

从不	几乎不	有时	一半时间	经常	几乎总是	总是
0	1	2	3	4	5	6

18. 如果交新朋友对孩子来说自如一点，是不是他/她去上学会更容易

一些？

从不	几乎不	有时	一半时间	经常	几乎总是	总是
0	1	2	3	4	5	6

19. 如果你或你的配偶和孩子一起去上学，是不是他/她去上学会更容易一些？

从不	几乎不	有时	一半时间	经常	几乎总是	总是
0	1	2	3	4	5	6

20. 如果孩子在放学后的时间里能做更多喜欢的事情，是不是去上学对他/她来说会更容易一些？

从不	几乎不	有时	一半时间	经常	几乎总是	总是
0	1	2	3	4	5	6

21. 相比于同龄孩子而言，孩子对学校的不好的情绪（如，恐惧、紧张或悲伤）会多多少？

从不	几乎不	有时	一半时间	经常	几乎总是	总是
0	1	2	3	4	5	6

22. 相比于同龄孩子而言，孩子在学校会有多少时间一个人待着？

从不	几乎不	有时	一半时间	经常	几乎总是	总是
0	1	2	3	4	5	6

23. 相比于同龄孩子而言，孩子更愿意和您或您的配偶待在家里吗？

从不	几乎不	有时	一半时间	经常	几乎总是	总是
0	1	2	3	4	5	6

24. 相比于大多数同龄孩子而言，孩子是否更愿意在校外找些有趣的事情来做？

从不	几乎不	有时	一半时间	经常	几乎总是	总是
0	1	2	3	4	5	6

请勿在此线下面写字

---

1. ______ 2. ______ 3. ______ 4. ______
5. ______ 6. ______ 7. ______ 8. ______
9. ______ 10. ______ 11. ______ 12. ______
13. ______ 14. ______ 15. ______ 16. ______

17. ________ 18. ________ 19. ________ 20. ________
21. ________ 22. ________ 23. ________ 24. ________
总　　分=________ ________ ________ ________
平 均 分=________ ________ ________ ________
相对等级=________ ________ ________ ________

第三章
咨询会谈和治疗会谈的一般程序

本章主要讲述咨询会谈的内容。在咨询会谈中，治疗师通常会总结评估的结果，并向求助家庭提供治疗的建议。本章还会简单讲述治疗会谈相关的一般要点。

咨询会谈

讨论上周情况

治疗师可能希望单独和您或者您的孩子谈一谈，至少在部分时间这么做。他/她会提醒每个人关于保密的协定，并从最近一个阶段开始询问家庭生活。确保向您的治疗师提供最新的信息，告诉治疗师任何突然发生的行为变化。特别留意您的孩子拒绝上学的次数、他/她在学校的痛苦和外显行为、您对孩子拒绝上学行为的反应、重要的学校和家庭活动及家庭的干预。

如果从上一次咨询以来整个情况的变化特别大，治疗师可能会再次和您及您的孩子会谈，要求重新填写量表或重复其他的程序。做这些工作的目的是要判断治疗方案是否需要改变。如果发生的变化很小，那么，治疗师会直接进入到下一个阶段。

讨论日志

治疗师检查日志分数的目的有两个。第一是为了确认您是否带来了日志并已经按要求填写完成。如果您有问题，治疗师会和您及您的孩子讨论这些问题。常见的问题包括遗忘、缺乏主动性及不知道该如何完成日志。这些问题必须马上解决。如果您或您的孩子在完成日志上有任何问题，现在就和治疗师进行讨论。

第二，治疗师非常希望了解孩子焦虑、抑郁、痛苦、不服从和破坏家庭日常功能方面的任何动向。比如，有些存在拒绝上学行为的孩子会在周日和周一晚上特别焦虑，因为新的一周开始了。这表明之后的治疗应该聚焦在这些关键点上。治疗师也会注意到日志的不同之处，阅读日志上写下的笔记，并检查这周内是否有突然发生的变化。

讨论评估结果

在日志讨论之后，治疗师会和您和您的孩子讨论评估的结果，下列领域可能会被讨论到：

- 访谈得到的信息和诊断相关的信息。
- 量表和正式评测的信息。
- 观察得到的信息。
- 家长和孩子报告的不同之处。
- 教师、学校职员/成绩的报告。
- 从其他地方（如，医生）得到的其他信息。
- 临床专家认为可能与本案例有关的信息（如，危机、家庭成员、个体期望、生活史、环境、人际关系、目前的应激源和资源）。

在讨论完这些之后，治疗师会回答您的问题并描述：

- 他/她认为孩子拒绝上学的主要的原因是什么。
- 他/她认为是什么导致了问题的持续发展。
- 治疗的基本目标有哪些、期望的结果是什么以及需要多长时间。

当治疗师在讨论这些问题的时候，如果您有任何问题或者不同意他/她的观点，记得马上提出来。随时都可以提问题，如果需要的话，也可以随时作一些笔记。最重要的是，打开心灵大门尝试去听治疗师说的话。一些家长和孩子都发现，必须改变自己的一些行为让他们很难接受。事实上，您或其他家庭成员也许会成为治疗关注的焦点。治疗师会尝试解释清楚为什么要选择某种特定的治疗方案。

提供治疗基本原理

在总结评估结果之后，治疗师会向您的家庭解释为什么他/她推荐某种特定的治疗，此外，治疗师也会向您仔细描述这种治疗的各个方面。

如果您的孩子拒绝上学是为了避免让他/她感觉痛苦的事物或情境，治疗师可能会推荐放松训练、呼吸训练、校园逐步暴露等方法，这些方法将有助于：

- 减少不愉快的生理症状。
- 学会应对不适情境的方法。
- 更容易重返校园。

如果您的孩子拒绝上学是为了逃避校园中痛苦的社交或评价情境，治疗师可能会推荐角色扮演、现场暴露练习以及认知重建等方法，这些方法将有助于：

- 建立技巧，您的孩子因此能够掌控社交情境。
- 降低影响孩子表现的社交焦虑。
- 减少阻碍孩子上学的负面思维。

如果您的孩子拒绝上学是为了获得注意，治疗师会建议针对家长的突发性事件管理训练，这个训练将有助于：

- 教授您技巧，提高孩子对您的要求的服从性。
- 将您的注意力转向积极行为，如上学。
- 让您对家中正在发生的事情更有把握。

如果您的孩子拒绝上学是为了获得校外实质的利益，治疗师可能会建议您和家庭成员制定协议，协议将有助于：

- 通过提供解决问题的方法来减少家庭冲突。
- 当孩子去上学时，给孩子增加奖励。
- 当孩子拒绝上学时，减少孩子得到的奖励。

如果您的孩子拒绝上学是因为两个或两个以上的原因，就需要综合应用这些原因相对应的方案来解决问题，也可以恰当地增补其他的治疗内容。关于治疗师建议的治疗方案，您可以提出自己的疑问。记住，您作为客户，可以否决或改变治疗师建议的任何治疗方案。

治疗前考虑

除了总结评估的结果及建议治疗方案之外，治疗师还会和您讨论哪些因素可能会影响治疗的效果。有关您的孩子的因素可能包括：

- 气质/性格（如，敌对性、敏感性、改变的动机或反应、内向或外向）。
- 自尊、自我效能感、自律水平（如，延迟满足的意愿、坚持治疗）。
- 社交状况（如，受欢迎的、被忽视的、被拒绝的）及与学校同伴的民族/种族融洽程度。
- 语言能力、智力及学习成绩（如，成绩优秀或成绩差）。
- 身体状况（如，肥胖、高、爱运动）。
- 其他问题（如，多动、攻击性、学习障碍、逃学）。
- 出生顺序和同胞状况。
- 创伤性的生活事件。
- 对治疗和治疗师的态度（如，讨论的意愿）。
- 在治疗期间破坏治疗的意愿（如，拒绝完成布置的家庭作业、随着治疗的开展越来越对拒绝上学的状况保密）。

可能影响治疗结果的与您和您家庭相关的因素：

- 您的家庭教养风格及您与孩子的关系。
- 单亲或双亲家庭。
- 您与您配偶或家庭内部的冲突。
- 家庭互动状况。
- 家长的焦虑、抑郁或其他问题。
- 家庭的经济状况和时间资源。
- 对治疗计划的期望和保持乐观或悲观的程度（及对治疗的服从性）。

- 家庭成员沟通和解决问题技巧的水平。
- 文化因素（如，文化程度、语言差异、种族认同、对治疗师的不信任）。

此外，其他影响治疗的因素还包括：

- 学校工作人员的合作度及其他与学校相关的因素。
- 学校工作人员要求您进行见效更快的治疗或其他不同于本手册的治疗。
- 来访者由家庭推荐或是由其他机构如法庭推荐。
- 治疗师的时间或资源限制。
- 学校受害者。

上述最后一条“学校受害者”是指：孩子们觉得他们如果上学就会成为学校的受害者。例如，许多孩子成为偷窃、财产损坏、威胁和/或肉体伤害的受害者。另外一些孩子则要面对不喜欢的老师或不公平的规则。此外，美国学校还存在学校暴力和枪击事件。这些情况都会以不同方式引发或影响拒绝上学行为。例如，一个孩子担心在学校受到伤害或担心学校的危险情境，他/她就可能拒绝上学。孩子也可能夸大学校危险来胁迫父母允许他们不上学。最后，学校的危险程度可能会导致父母将孩子领回家，而无论孩子是否觉得受到了威胁。

如果校园伤害或其他治疗前的顾虑一直存在，治疗师可能会建议改变治疗计划。在潜在校园伤害的前提下，治疗师可能会考虑是否应该换一所学校或更换其他的干预方式。如果学校的工作人员不愿意帮助孩子重返校园，那么，在治疗过程中更多的职责就会落在您的肩头。如果您的时间有限，您必须联系其他人来帮助执行治疗计划。当不同的情况出现时要灵活应对，请记住，根据您的情况，这本手册中所述的治疗程序随时都可以改变。

其他考虑

安排治疗会谈

为了制定详细的治疗计划，治疗师会向您描述治疗需要多长的时间。本手册一般假定治疗会谈为8次，在4～8周内完成，但是，您的情况可能需要更短一些或更长一些的时间。在治疗中，您可以和治疗师讨论决定随后的治疗结构和进度。同时，您也最好和治疗师谈谈如果因为一些不可控制的外界因素（比如，保险公司、您的工作）和事先约定的治疗时间发生冲突，导致错过治疗应该怎么办。因为对拒绝上学行为的治疗通常是一个循序渐进的过程，在治疗中错过会谈会扰乱治疗进度，所以请尽力保证参加每一次会谈，如果发生错过治疗会谈的情况也要尽快弥补，这一点十分重要。

两次会谈间的工作

您和您的孩子能否用本手册的方法获得成功很大程度上取决于您在两次会谈之间所付出的努力。为了获得治疗成功，治疗师会给您布置基本任务，但重点在于您和您的孩子需要努力去完成这些艰难的任务。大部分任务来自于治疗师给您和孩子布置的家庭作业。不要认为治疗师能够解决您所有的问题，治疗师只能完成那些您和您的孩子愿意完成的部分。但是，如果您和您的孩子付出足够的努力，您获得成功的可能性就会非常大。在治疗中，如果您发现您或其他的家庭成员无法完成家庭作业，或有人蓄意破坏治疗，请马上和治疗师讨论这个问题。

回顾上周情况和反馈

在每次会谈的开始，治疗师会跟您谈谈上次会谈之后发生的事情。他/她希望能了解您的家庭状况或孩子拒绝上学的行为是否发生了改变，以及其他任何您认为重要的事。在这个时候，如果您和您的孩子有任何想法或问题，务必要让治疗师知道。治疗师还会想要了解从上次会谈以来，您和您的孩子的家庭作业完成得怎么样。如果在这个方面有问题，记得要拿出来讨论。记住，强调您的孩子获得的成功和他/她遇到的困难一样重要。

每次会谈，治疗师也会对您和您的孩子在过去几天的表现做出一些反馈，在这个阶段，请您务必仔细倾听治疗师说的每一句话，尝试去纠正发生在您和孩子身上的每个问题。但是，任何与治疗结构或进度有关的建议，您都有权利提出反对意见。如果您确实反对，请保持开放的态度，和治疗师谈谈，提出一些新的想法，这些想法也许能够弥补已经发生的这些问题。

讨论日志

在每次会谈的开始，治疗师还会检查您和您的孩子完成的日志。检查的重点是分数的突然改变、评测的模式、您和孩子评测的差异、笔记，以及遗漏的评测。因此，每次会谈都务必带上您和您的孩子完成的日志，这一点十分重要。治疗师必须获得这些信息来跟踪治疗进程，并帮助您执行最好的行动来促进治疗。如果您和您的孩子对日志有任何问题，请务必和治疗师讨论。

特定治疗会谈的要点

第二次治疗会谈

在每个治疗方案中，第二次治疗会谈往往非常重要，因为孩子拒绝上学的多数行为会得到直接处理。因此，您的动力和努力将变得前所未有的重要。治疗师会根据您记的日志来了解孩子的进展及孩子的行为趋势。同样，这个时候您要和治疗师保持良好的关系，也可以自由地提问。记住，您和您的孩子尽可能努力地参与治疗计划、执行治疗计划十分关键。

第三次和第四次治疗会谈

到第三次和第四次时，治疗过程开始变得成熟，因为您对治疗师和他/她所推荐的治疗程序已经比较熟悉了。此外，您也比较了解治疗将朝哪方面发展，您和您的孩子会被问及哪些问题。如果您不确定的话，可以随时向治疗师提问。

第三次和第四次治疗会谈通常被认为是整个治疗过程中最“吃力”的阶段。在这两次治疗会谈中，您的孩子可能开始重返校园、有所进步，或拒绝上学的行为开始与奖励惩罚有更多的关联。因此，您每天在拒绝上学问题上所花的努力也就更多。许多家庭成员会在这个阶段出现麻烦，因为这个阶段需要他们持续不断地付出越来越多的努力。您和家庭成员要做的是尽可能长时间地坚持治疗，并从治疗师那里获得支持和反馈。通常，治疗持续的时间越长，成功的机会也就越大。另外，也要努力和学校工作人员维持良好的关系。

第五次和第六次治疗会谈

第五次和第六次治疗会谈应该非常紧凑、突出重点。在这两次治疗会谈中，虽然您和治疗师可能会讨论各种各样的问题，但讨论的重点应该放在您的孩子特定的拒绝上学行为上。

第五次和第六次治疗会谈程序只有当此前的治疗一切顺利时才会用得上。如果您的孩子开始去上学或者上学的频率变高了，那么，就可以按照第五次和第六次的程序来进行治疗会谈。但是，如果您的孩子或家庭并没有多大的进步，治疗师就会花更多的时间来回顾前几次的治疗会谈。在许多个案中，“返回去”纠正新发生的问题、顽固问题，或复发的问题是非常常见的。请牢记，根据您的特定情况，治疗师可以灵活地使用和调整本手册中所述的治疗程序。有些个案需要更多的时间，有些则需要更少的时间来解决问题，如果您的治疗进度和本手册所述的有所不同，请不要担心。

第七次和第八次治疗会谈

到第七次和第八次治疗会谈，您的孩子拒绝上学的行为应该基本治愈。因此，这两次治疗会谈的重点也许会放在检漏拾遗、让孩子做到全日上学、扩展治疗会谈领域、复习治疗会谈的关键点、制定长期随访程序，以及/或准备结束治疗会谈。如果治疗会谈的确已经超过了八次，您和治疗师仍需要依照本手册所述的原则和技巧进行。对于拒绝上学行为的顽固案例或还有其他问题需要解决的案例，有必要延长治疗。

治疗成功有时候指的是能够在一段时间全日上学和/或学校

日常应激行为明显减少。但是，每个案例都是独一无二的，您和治疗师需要通过讨论来确定如何定义您的“治疗成功”。比如，对于有些个案来说，几周之内全日上学或学校相关的焦虑明显减少就可以定义为“治疗成功”。而对于另一些个案，尤其是那些长期拒绝上学的青少年，只要能够有时候去上学就是一个不错的“治疗成功”了。无论您对“治疗成功”的定义如何，在您和治疗师把所有相关问题都讨论完之前，请千万不要终止治疗。

逐步减少治疗会谈

随后的治疗会谈也许会单独安排，目的是给您和您的孩子时间来测试新学到的技巧以及处理那些不太明显的对学校的焦虑和担忧。这个治疗会谈的家庭作业会比前阶段的少一些，时间上，治疗师会安排隔周一次或每月一次，直到一学期结束。这样的治疗安排可以给您和您的孩子支持性的帮助，并向孩子传达这样的信息：他/她做得很好，他/她可以处理焦虑的情境了。同时，这样的治疗安排也可以让您和/或您的家庭有机会提炼和总结整个治疗。

治疗的最后一步能确保您和您的孩子有自信获得进步，也让您和您的孩子获得更多的处理各种各样情境的经验。尽管治疗师在最终终止治疗之前会一直和您并肩作战，但是，很重要的一点是，您和孩子都应该系统地结束治疗，向治疗师告别并讨论将来的计划。

完成治疗

应该什么时候结束治疗？说到底，这个问题只有通过和治疗师彻底讨论才会有最佳答案。有些家长只要孩子一开始返校就马上想要结束治疗，但这个做法并不值得提倡。在许多个案中，遗留的问题和疑问仍然存在，或孩子会用几周后的某一天拒绝上学来“考验”家长。有一个例子能很好地解释这种状况。当您被告知需要服用抗生素治疗，通常您都需要坚持服用 10 天作为一个疗程，这远远超出控制您的疾病症状所需的天数。如果您在疾病症状消失的那天就停止服用药物，您就会有疾病复发的危险，因为疗程还不完整。同样，治疗师、您、您的孩子也需要一个完整的治疗过程，直到疗程结束为止。完整的疗程也许还包括逐步减少治疗会谈和预防复发的训练。本手册第八章描述了治疗师用来保证孩子继续保持治疗状态、避免倒退或复发的一些特定技巧。

在另外一些案例中，除了拒绝上学行为外，家庭可能还有其他困扰的问题。因此，即使孩子已经回到学校，对这些问题的治疗仍然需要持续。这类案例中，常见的其他问题包括：一般家庭冲突、焦虑、抑郁、缺乏互动、犯罪行为和违抗行为、学习障碍和多动等。在这些复杂的案例中，延长治疗往往是必要的，这样可以确保孩子不再发生拒绝上学行为，同时也可以解决共病问题。

阅读指导

本手册第四章至第七章讨论了治疗拒绝上学行为的不同方法。如果您的孩子拒绝上学仅仅是为了避免学校中让他/她感觉痛苦的事物或情境，那么请阅读第四章。如果您的孩子拒绝上学仅仅是为了逃避痛苦的社交情境或评价情境，请阅读第五章。如果您的孩子拒绝上学只是为了获得注意，请阅读第六章。如果您的孩子拒绝上学只是为了获得学校之外的实质利益，请阅读第七章。如果您的孩子拒绝上学的原因有两种或两种以上，请阅读所有相关的章节。

请注意，本书中的某些材料可能还适用于因其他不同原因拒绝上学的孩子。例如，护送孩子上学和忽视孩子反复寻求确认的行为。因此，为了以防万一，也为了您能了解每一个与您的孩子情况有关的关键点，您需要阅读本手册的每个部分。另外，您在自己尝试一种新的治疗技巧之前，必须和您的治疗师进行讨论。

第四章
孩子为了逃避让他/她痛苦的事物或情境而拒绝上学

第一次会谈　开始治疗

拒绝上学行为的动机往往来自于孩子想要逃避学校中某些特定的事物或者情境带给他/她的不良情绪，如恐惧、担忧、焦虑、惊恐或抑郁等。正是由于孩子想要逃避这些特定事物或情境所带来的不良情绪，所以治疗的主要目标就应该是改变孩子的逃避行为，并建立应对系统，促进上学行为。这种情况下的治疗应该包括以下几个方面：

- 将事物、情境引发的焦虑和逃避分级。
- 练习身体控制技巧以减少负面情绪的产生。
- 对引发焦虑的事物进行系统化逐级暴露。
- 短时负面情绪应对的自我强化。

治疗内容包括训练您的孩子使用自我控制的程序。在这个治疗项目中，您的孩子将会学习：（1）识别引发焦虑的相关情境和行为；（2）使用特定的身体控制技巧来避免他/她自己陷入严重的焦虑。然后，您的孩子将进入那些最容易引发焦虑的情境，同时开始使用这些身体控制的技巧。

每次治疗，治疗师都会花大量的时间和您的孩子在一起，但在每次治疗的最后，都会邀请您参与并回顾本次咨询的内容。治疗师会要求您协助孩子完成家庭作业，如果您能为这些练习安排单独的时间，并把它作为家庭活动的一部分，将会对治疗十分有益。

心理教育

初始治疗包括帮助您的孩子理解什么是焦虑，焦虑是如何发生发展的。当您的孩子理解焦虑的发生发展之后，治疗师会帮助他/她观察自己的焦虑反应，鉴别焦虑反应会在哪些情况下发生，并使用特定的技巧或工具来应对负面情绪。以下是治疗师如何向孩子解释焦虑的发生发展的一个例子：

> 当你说你觉得害怕（焦虑、不安）的时候，就好像坏事情堆成了一个巨大的球朝你滚过来，你完全没办法阻止它。它就像火车向你压过来！如果以那种方式去想，那么我们就会觉得非常沮丧，觉得根本没法应付我们面对的事情。但是这种沮丧（焦虑）往往是由三个部分组成的。
>
> 第一部分就是你感受的东西。所有那些在你身体里的感受都会告诉你：你在害怕。心跳加快、颤抖、手心出汗和胃部痉挛等现象都是你害怕的信号。
>
> 第二部分就是你对自己说的东西。通常，你会对自己说一些话，如：**让我离开这儿，我害怕，我不行，我想回家，我需要妈妈或其他人帮忙**。
>
> 最后，第三部分就是当你感到害怕时你所做的事情。通常是这样一些行为：离开这个地方、回避某个地方、尽量离某个能让你感觉更好的人近一些。

治疗师会向您的孩子询问，他/她在焦虑的时候这三个部分分别有哪些特别的反应：生理（感觉到什么）、认知（我想到什么）及行为（我做了什么）。治疗师可能会画三个圈，分别描述焦虑的三个部分，询问并帮助孩子识别当他/她面对学校中的焦虑情境时，他/她在生理上、思维上和行为上分别有哪些表现。治疗师会使用杂志上的卡通形象或图片代表孩子在学校的情境，询问您的孩子并让他/她来描述图片中的卡通形象会有什么感觉，在想些什么以及会做些什么。通过这种方式，治疗师可以和您的孩子建立起治疗关系，了解什么会引发孩子的焦虑，并了解孩子如何看待各种各样的情境。治疗师会告诉您的孩子焦虑如何升级，以及与之相反的，焦虑如何降级或平静下来的过程。

通过这种方式，治疗师可以确定焦虑各个部分的改变目标。随后，治疗师会向孩子解释这三个部分是如何交互作用，层层累加，螺旋上升，最终导致了无法承受的焦虑感的。治疗师会特别强调焦虑的生理感觉，这些感觉如何升级至不舒适的程度，并最终导致回避行为的发生。治疗师会告诉孩子，他/她将学习用特定的技巧来处理焦虑的每一个部分，他/她将使用放松和深呼吸来处理焦虑的生理感觉、循序渐进地练习进入焦虑情境并最终改变回避和逃避的行为，用自我强化及奖励的方式来改变伴随焦虑产生的负面思维。

建立焦虑和回避等级表

通过评估访谈和日志中收集到的信息，治疗师会帮助您的孩子建立他/她的焦虑和回避等级表（The Anxiety and Avoidance Hierarchy，AAH）。在建立焦虑和回避等级表时，治疗师可能也会询问您的意见，他/她会给您一份空白的表格。您可以从本手册复印或从本丛书的官方网站（www. oup. com/us/ttw）下载焦虑和回避等级表。该表将会列出那些治疗师和您的孩子想要通过治疗来改变的事物或情境。通过情绪温度计（图 4. 1）或其他的测评量表，您的孩子会在每一次会谈时对焦虑和回避进行评分。

图 4. 2 是一份焦虑和回避等级表的样本，个案是一名 7 岁的小女孩 Sandy 因为分离焦虑而拒绝上学。您可以看到，焦虑和回避等级表的各个项目是循序渐进的，您的孩子可以从最简单（最低）的项目做起，一直过渡到最难（最高）的项目为止。您的孩子的治疗过程就是这样的。

焦虑和回避等级表

问题：

让我害怕的情境或地方	焦虑评分	回避评分
1.		
2.		
3.		
4.		
5.		
6.		
7.		
8.		
9.		
10.		

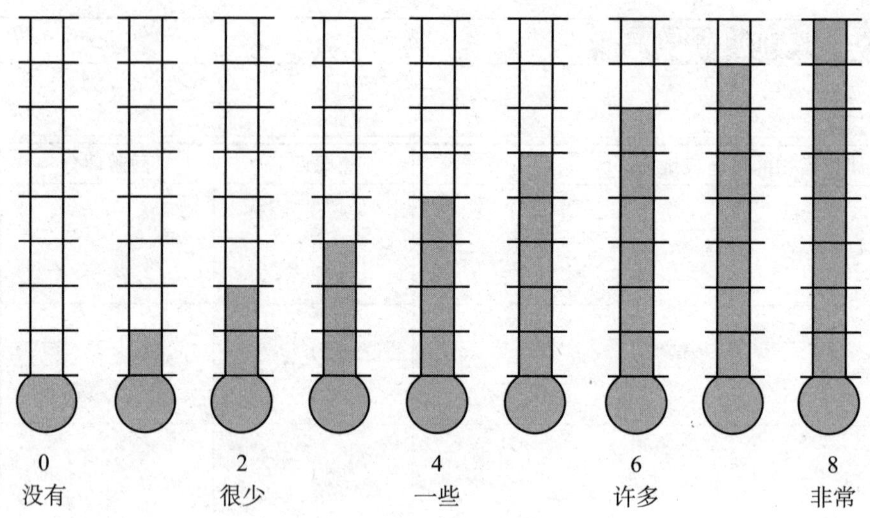

图 4.1　情绪温度计

焦虑和回避等级表

问题：离开家和父母的焦虑引发拒绝上学行为

让我害怕的情境或地方	焦虑评分	回避评分
1. 整天待在学校而不与父母通电话	8	8
2. 整个上午都在学校，并且不给父母打电话或不去见校医	8	8
3. 自己乘校车上学	7	8
4. 放学后等妈妈，她接我迟到了	6	7
5. 在家和看护阿姨一起，但是妈妈没有打电话来了解我的情况	5	5
6. 前一个晚上准备好第二天上学要穿的校服	5	3
7. 在学校补习，妈妈没有陪我	4	2
8. 去学校询问作业有哪些，独自和老师聊天	3	2
9. 在学校吃午餐	3	2
10. 妈妈去买东西时，我独自去补习	3	2

图 4.2　Sandy 的焦虑和回避等级表

放松训练和呼吸训练

随后，治疗师会教授您的孩子如何进行放松和深呼吸。理想的情况下，治疗师会用磁带录下这一部分让孩子在家里使用。如果没有录音机，您可以使用本章最后的放松和深呼吸脚本来代替。治疗师会让您的孩子找一个舒服的姿势在椅子或沙发上坐好，闭上眼睛，或凝视房间的某一个角落。随后，治疗师会告诉您的孩子一系列肌肉紧张和放松的练习。这些练习可以帮助您的孩子分辨紧张和平静状态下的生理感觉。治疗师会让您的孩子进入“放空”状态，感觉平静与放松。您的孩子需要学会每次分辨某一组肌肉，这非常重要，只有这样，才能在治疗师的指导下绷紧某一特定的肌肉（对幼儿来说，这个步骤比较困难）。治疗师会向孩子强调延长放松并使放松更彻底的途径就是深呼吸（深吸进胃部或者横膈膜下）。治疗师会向孩子示范来帮助年龄小的孩子学习。整个放松练习需要大约 20 分钟，结束之后，治疗师会把您叫进来一起讨论和总结本次治疗。

家庭作业

第一次会谈之后的家庭作业可能包括以下的部分：

✎ 下次会谈之前，每天在家里练习放松和呼吸，如果可能的话，每天练习两次。在放松日志上记录每一次放松练习。您可以从本手册复印或从本书的官方网站（www. oup. com/us/ttw）下载放松日志。记录在练习中出现的每一项特殊困难（例如，不能集中精神，在治疗中睡着了等）。

✎ 继续完成每天的日志（参见第二章的空白日志）。记录在本周内发生的每一个特殊情境或经历。

放松日志

姓名：

日期	练习一		练习二	
	时间	你感觉如何？	时间	你感觉如何？

放松脚本

让孩子找一个舒服的姿势坐好，闭上眼睛或者盯着墙壁或天花板的某一个位置。胳膊和腿不要交叉，脱掉鞋子，松开衣物过紧的部分（如，腰带）。

> 在椅子上尽可能舒服地坐好，在接下来的几分钟里，我会指导你如何放松和绷紧不同的肌肉群。我希望你仔细地听，并按照我说的去做。记住，不要和我交谈，放松自己，集中注意力听我说的每句话。有问题吗？（如果有问题，就给予回答）
>
> 好了，把你的脚放在地板上，你的手放在椅子的扶手上（按照要求闭上眼睛或盯着某一处）。尽可能地放松自己。

在这种紧张—放松的过程中，每次肌肉紧张维持大约 5 秒钟左右。

手和胳膊

> 左手握拳，紧紧握住，在握紧的时候体会手和胳膊上的紧张感。现在，松开拳头，放松。体会一下当你的手和胳膊放松时，你的感觉有多舒适。再来一次，左手握拳，紧紧握住。很好，现在放松，松开拳头。（右手和右胳膊重复同样的过程）

胳膊和肩膀

> 把胳膊向前伸直，举过你的头顶，现在，原路返回，体会一下肩膀被拉伸的感觉。现在，把胳膊举得再高一些，这一次，让胳膊自然地掉下来，回到身体两侧。好，现在再一次伸直胳膊，把胳膊向前伸直，举过头顶，绷直胳膊，慢慢沿原路往回收。好，现在，胳膊放松，自然落到身体两侧。很好，现在，体会一下肩膀放松的感觉。这一次我

们来做一个更大的伸展动作，试试看能不能够到天花板。把双手在身体前方伸直，慢慢举过头顶。绷直胳膊，慢慢沿原路往回收。体会胳膊和肩膀拉伸和紧张的感觉。继续保持绷直的状态，很好。放松胳膊，让胳膊快速掉下来，落到身体两侧，体会放松时的感觉，温暖的、懒洋洋的感觉。

肩膀和脖子

耸起你的肩膀，让肩膀尽量地靠近你的耳朵，使劲低头，让你的脑袋尽量地靠近肩膀。保持住。好，现在放松，体会一下暖洋洋的感觉。再来一次，耸起肩膀，让肩膀尽量地靠近你的耳朵，使劲低头，让你的脑袋尽量地靠近肩膀，使劲。好，现在放松。伸直脖子，放松肩膀。体会一下紧张后再放松的舒服的感觉。再来一次，使劲低头，耸肩，让肩膀靠近你的耳朵，保持住。体会你脖子和肩膀的紧张感。好，现在放松，感觉很舒服，感觉非常好。

下颚

咬紧你的上下牙，用上你脖子肌肉的力量。现在放松，让你的下颚放松下来，感受下颚松开时的舒适感。好，再来一次，咬紧上下牙。很好，现在放松，让你的下颚放松下来。松开下颚的感觉好极了。好，再来一次，紧紧咬住，再紧一点，坚持住，哦，你真的做得非常努力。很好，现在放松。试着让你的整个身体都放松下来，尽可能地放松你的整个身体。

脸和鼻子

皱起你的鼻子，尽可能地让你的鼻子皱起来，使劲让你的鼻子扭在一起。很好，现在放松你的鼻子。现在，再来一次，皱起你的鼻子，使劲，保持住。好，现在你可以放松你的脸。注意到了吗？当你的鼻子皱起来的时候，你的脸颊、嘴巴和你的前额都在使劲，它们也变得紧张起来。

所以，当你放松你的鼻子时，你的整张脸也放松了，感觉很好。现在，使劲让你的前额皱起来，保持住，好，放松。现在你可以放松下来，让你的脸完全放松，任何地方都不要皱在一起。你的脸感觉很舒服、光滑和放松。

腹部

现在让你的腹部紧张起来，使劲，不要动，保持住。现在，放松，感觉你的腹部变得柔软，尽可能地放松。感觉好极了。好，再来一次，让你的腹部紧张起来，很好，放松。现在，感觉舒适而放松。感觉一下紧张的腹部和放松的腹部有什么不同。那是我们想要的感觉，舒适、松弛和放松。好，再来一次，紧张起来，再紧张一点，很好，完全地放松。你感觉很好，很放松。

这一次，试着收紧你的腹部，把腹部尽可能地往后背收紧，让腹部变得越平越好。放松，感觉你的腹部变得温暖而松弛。好，再一次收紧你的腹部，让腹部尽可能地靠近后背，让腹部变得很小很紧，保持住。放松，现在，回来，让你的腹部回到原来的位置。你感觉好极了，你做得非常好。

腿和脚

把你的脚趾尽量向下弯，腿部的肌肉也一起使劲，再往下一点，张开你的五个脚趾。现在，放松你的脚。让你的脚趾头放松，感觉很好。放松的感觉非常好。好，现在，再一次弯起你的脚趾，腿部的肌肉也一起使劲，使劲地向下按，坚持住。好，放松你的脚，放松你的腿，放松你的脚趾。放松的感觉真好，没有任何的紧张感。你感觉温暖而舒适。

总结

尽可能地放松自己。让你的整个身体感觉柔软，所有的肌肉都放松了。放松练习马上就要结束了。今天过得很好，你非常努力，努力的感觉也非常好。好。晃晃你的肩膀，晃晃你的腿，摇摇你的脑袋，慢慢睁开你的眼睛（如果眼睛是闭着的话）。很好，你做得非常好。你真是一个很棒的放松者。

呼吸训练脚本

让孩子想象乘坐一个热气球旅行，这个热气球的燃料都是由孩子的呼吸来提供的，旅行的目的地没有限制。让孩子用鼻子吸气，用嘴巴呼气，呼气的时候发出“嘶嘶”的声音。您可以通过鼓励孩子想象热气球越来越近的画面来帮助他/她完成这个任务，必要时，也可以让孩子在呼气时慢慢地数数。

看一个例子：

> 想象你正在乘坐一个热气球，你的呼吸能给热气球提供动力。你呼吸得越深，热气球就能去越远的地方。用你的鼻子吸气，就像这样（示范），用嘴巴又慢又深地呼气。尽量吸进更多的空气，现在，慢慢地从嘴巴往外呼气，发出“嘶嘶”的声音（示范）。如果你愿意的话，呼气时也可以在心里默默地数数。

第二次会谈 强化治疗

在本次会谈中，治疗师会向您的孩子呈现那些引发他/她焦虑的事物或情境。这个过程被称为系统脱敏[①]，首先使用想象（想象暴露），然后使用真实的情境（现场暴露），您的孩子会一步一步地面对焦虑。在两次会谈之间，您的孩子将会练习想象和真实生活的暴露，叫做“看，我能行”（STIC）任务。治疗师会要求您协助孩子设置及完成这些 STIC 任务。

系统脱敏准备

如果您的孩子已经比较大了，能理解比较复杂的概念，那

① 本书脱敏（desensitization）和暴露（exposures）两词常并用、混用。翻译时均遵照原书用词，未作统一。——译者注

么，治疗师就会先向孩子解释什么是系统脱敏。相反，如果您的孩子比较小，治疗师则会向孩子提供一个类似于这样的解释说明（T代表治疗师，C代表孩子）：

T：我来问问你，你会骑自行车吗？或者游泳？滑雪或骑马呢？（提问到发现某项需要技巧的活动为止。）

C：会，我会骑自行车。我大概五六岁的时候就会了。

T：好，告诉我，当你想要骑自行车的时候，你会怎么做？

C：嗯，我会先把自行车从车库里推出来，然后我就骑着它上街或去我朋友家。

T：很好，你得先把自行车从车库里推出来，那么，你在骑自行车的时候，会想些什么呢？

C：没想什么啊。我的意思是，我想的只是我和我朋友可以去玩些什么，比方说，玩电脑游戏。

T：那你会在马路中间骑车呢，还是在人行道上骑车？

C：我会在人行道骑，但是有的时候我得过马路，所以两种情况都有可能。

T：当你骑车的时候，你的手、脚、眼睛会怎么做？

C：没做什么，就是扶着自行车车把，然后就蹬呗，还得看看我该往哪儿走。

T：很好，你刚才告诉我你骑上车，沿着马路一直骑，过马路，看看应该怎么走，但是你脑子里并没想这些。你想的是一会要和朋友玩什么。

C：我想是吧。

T：当然，你现在骑车已经是不需要思考的了，只需要看看应该怎么走。你已经学会了怎么做这些事情，是不是？（孩子点头）所以你不用刻意去想就能很好地完成这些事。但是，你还记得你第一次骑车时的样子吗？是不是曾经很害怕？

治疗师会问孩子一些问题，让孩子回忆自己第一次骑自行车或做类似的需要技巧的活动。治疗师会让孩子去回想自己第一次学骑车时的生理感觉、思维和行为，治疗师也会引导孩子回忆刚开始学习骑车时的经历——开始的每一步都微不足道，但是勤加练习，最后就能掌握骑车的技术。这时，治疗师会把谈话放在不断的练习和充分的学习是怎样让这种情境变得简单和不假思索这一重点上。治疗师会问孩子，他/她的焦虑最初是怎么发生的：

T：为什么你不再害怕从自行车上掉下来？

C：因为我再也没有掉下来过了。而且，如果我真的掉下来的话，我可能会擦伤，但其实也没什么。

T：所以，即使你真的掉下来了，你也知道不会有什么大问题的，对吗？

C：是的，我已经有这样的经验了，大不了爬起来重新上车呗。所以我就不害怕了。

T：很好，对极了。你练习骑车，一步一步地开始，有人会帮助你，你也可以用辅助的轮子。当你感觉舒服和不紧张的时候，你可以把辅助的轮子卸掉，对吗？所以你是通过一步一步的学习来获得更多的技能，而且也变得不紧张了。现在你甚至都想不起来以前学车的时候还紧张过呢。

随后，治疗师会向孩子介绍，在治疗中，每次只学习和掌握一个步骤，直到几乎感觉不到焦虑或完全不焦虑为止，再开始下一步骤的学习。治疗师会通过想象脱敏的过程来实现目标，孩子会被告知，想象脱敏就是“练习在脑子里思考那些麻烦的情境”。治疗师会交替使用您的孩子焦虑和回避等级表中的焦虑情境和放松情境，您的孩子会知道，如果他/她感觉不舒服了，随时可以举手示意。

构建焦虑情境

治疗师会从孩子的焦虑和回避等级表上相对容易的某个步骤做起，这就是孩子要通过想象来面对的第一个情境。治疗师会问孩子，他/她认为在这样的情境下可能会发生什么，并根据孩子的想法及所焦虑的问题构建一个针对这个情境的焦虑脚本或场景。治疗师会把这些场景分成几个不同的等级，通常，家长会惊讶于孩子焦虑的强度及生动性。但是，您必须记住，这些就是您的孩子的焦虑，在想象之外，它们仍可以不受限制地继续发展。治疗师会帮助您的孩子思考这些焦虑，中间加入放松的场景，这样这些场景就不再那么可怕了，然后讨论这些场景中的真实状况是什么。脱敏的目标是逐步让您的孩子听到完整的焦虑情境，“就像看一部电影一样”，并且意识到这些场景并不像想象的那么可怕。另一个目标是让您的孩子知道，他/她可以积极、主动地应对任何一个情境。接下来请看一个例子，来自 Sandy 的焦虑和回避等级表中的第八个情境（图 4.2）：

> 大约下午两点后，你和你妈妈正开车前往学校见你的老师。到学校后，你必须自己进去询问老师布置了哪些作业。你已经连续三个星期没上学了，这期间没见过任何同学和老师。最后一次在学校的时候，你觉得胃很难受，感觉像要呕吐一样。离学校越来越近了，你开始觉得有点晕眩，也开始有点出汗。你央求地看着妈妈，希望她打道回府，但是她说你必须问到作业情况。妈妈没法陪着你，因为学校外没地方停车，所以你只能一个人进去。车开到了学校的大门口，有些同学和老师在那里，但是没有你认识的人。你打开车门，此时，你真的觉得要晕倒了，接着，你的胃也开始翻腾，就像坐船时的那种感觉。你走向学校大门，真的觉得在颤抖和出汗。这些感觉有时让你很害怕。如果你很难受怎么办？你回过头去看，妈妈正在缓慢地开车前行，车子已经开离了学校的车道。你走进了大门，此时，你觉得头非常晕，以至于不得不靠着墙才能站稳。一些同学笑着经过你的身边，你觉得非常害怕，连呼吸都变得困难了。如果你晕倒了，没有人来帮你，你该怎么办？如果妈妈只是待在车里怎么办？你沿着大厅走向教室，当你到达教室的时候，几个孩子在排队等着见老师，所以你必须等待。教室里非常热，你感觉快要呕吐了。此时你仍然觉得晕眩，喉咙里好像有股酸味。你真的觉得头晕目眩，希望老师能看到你、帮助你，但是她正在和其他同学交谈。你感觉胃里有东西要出来了：它已经到了嗓子眼！你大声求救，当你大声求救后，你全身都瘫了下来。老师和所有同学都瞪大眼睛看着你，你真的觉得很难受，也很尴尬，想着要是妈妈能陪你进来就好了！

系统脱敏过程中追踪焦虑变化

在整个系统脱敏的过程中，治疗师会让您的孩子使用情绪温度计（图 4.1）或其他测评量表来对他/她的焦虑水平进行评分。通过评分，治疗师能用图表的方式来描述在系统脱敏的过程中，您的孩子的焦虑发生了什么变化。这些图表显示了您的孩子如何通过治疗课程逐步控制他/她的焦虑。

有些孩子可以自己追踪焦虑水平的变化，记录这一评分可以让孩子即刻获得有关如何控制某一情境的信息。这些评分能表明他们是如何应对惊恐症状、分离焦虑、对特殊物体或情境的恐惧、其他能引发焦虑的环境的。您可以将孩子的评分记在日志或笔记本上，以便提醒孩子他/她在治疗中取得了多大的进步。

进行想象脱敏

治疗师希望将下述脱敏过程录音以提供给之后的疗程及在家使用。在脱敏正式开始之前，治疗师会告诉您的孩子，在这个过程中，如果焦虑让他/她感觉不舒服，任何时候都可以举手示意，这指的是在情绪温度计评分为 3 或者 3 以上的情况。治疗师会告诉您的孩子，他/她会先让孩子放松，然后开始呈现那些引发焦虑的情境。您的孩子会跟着治疗师的指导在心里想象，好像这些事情真的发生了一样。当焦虑开始让孩子感觉不舒服时，他/她就应该举手示意。这个时候，治疗师会让孩子“跳出来”想一些令人高兴的事情，比如，沙滩、公园以及其他让您的孩子感觉放松和愉快的地方。当焦虑水平降至 0 或 1，治疗师就会重新开始呈现那些引发焦虑的情境。治疗师会一直这样循环往复，直到您的孩子可以完整地听完引发焦虑的情境而焦虑水平不再升高为止。

当您的孩子开始在每种场景中都得到进步，治疗师会告诉孩子他/她可以在焦虑水平达到 4～5 的时候举手示意。这可以让您的孩子有更强的忍耐力，最后能习惯这些场景和焦虑的感觉。孩子的忍耐力增强之后，这些感觉就不再会给孩子发出回避或逃跑的信号，这会让您的孩子在正常的焦虑唤起水平下尝试新的情境。如果有必要，治疗师会将焦虑情境细分为更小的步骤或更不具威胁性的场景。想象脱敏一般都会以放松场景结束。

推进想象脱敏

当想象脱敏结束后，治疗师会让您参与并和您讨论孩子的治疗进展。治疗师可能会给您播放一些录音磁带，并让您的孩子来解释和说明治疗的步骤。然后，治疗师会问孩子：“当你在做这个练习时，你的焦虑发生了什么变化?”在想象脱敏的过程中，治疗师会用图表来记录孩子对焦虑的评分，并利用这些图表说明孩子如何习惯这些焦虑。从这些图表能看出，随着每一次成功的呈现，孩子的焦虑在逐渐消散。举个例子，我们来比较第一次想象脱敏和之后的真实场景下的脱敏练习中 Sandy 对乘校车的焦虑的变化（图 4.3）：

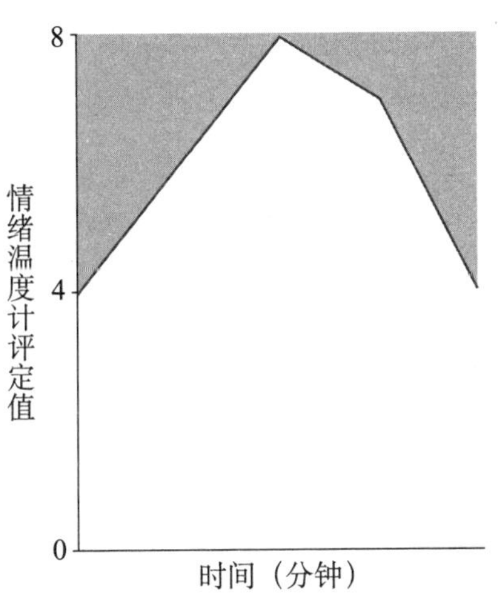

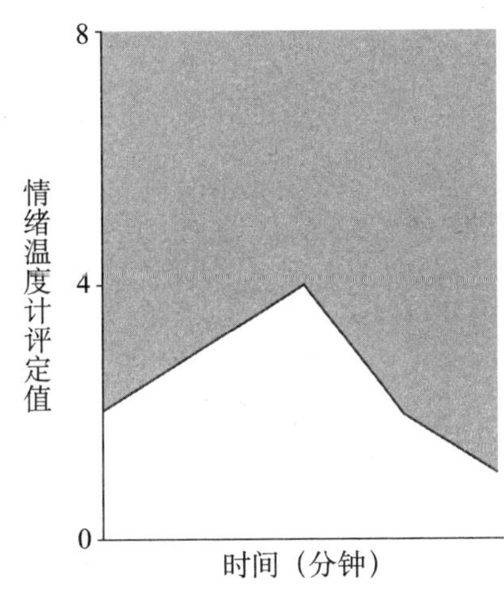

图 4.3　Sandy 的焦虑评分

治疗师先给 Sandy 看第一张图，这张图显示的是她最初对乘校车感觉非常焦虑，她的焦虑水平最开始是 4，随后马上上升到最高水平，也就是 8，此外，治疗师还要向 Sandy 强调，当时这个场景仅仅是出现在她的想象中。然后，治疗师向 Sandy 出示第二张图，她能很清楚地看到，在乘校车的真实场景中，她的焦虑最开始就比较低，上升得也比较低，而且比以往更快地消失了。通过对比，Sandy 就能明白往往想象的场景比真实场景严重得多，所以她就可以在处理这些场景时不再焦虑了。

即使您的孩子并没有习惯这些场景，治疗师也会对孩子的努力参与及取得的任何进步——可能对孩子来说非常困难——表示鼓励和赞扬。在这样的个案中，治疗师会把焦虑情境分解成更小的步骤或更不具有威胁性的场景。无论孩子取得的进步多么微小，给予赞扬和鼓励都是非常重要的。一般来说，脱敏最初进展缓慢，但会越来越快。脱敏可以在一次会谈中完成，当然，如有必要，也可以花 2～3 次会谈来完成。

如果您的孩子的焦虑评分并没有平稳下降，治疗师可能会和他/她谈谈在暴露的过程中他/她在想些什么。对那些特定的负面思维，治疗师可能会采用认知重建的技术（详见第五章）。这个技术可以帮助您的孩子提高鉴别和改变负面思维的能力。

家庭作业

第二次会谈后的家庭作业可能需要您更多的参与，内容包括：

✎ 继续练习放松，每晚入睡前听放松指导。

✎ 您的孩子要在脱敏录音磁带的指导下进行想象脱敏（STIC 任务），每天至少一次。在此过程中您得帮助孩子，比如，询问孩子的焦虑评分，或者将家中其他的孩子管理好以免打扰孩子的练习。孩子练习结束后，您需要和孩子谈一谈，就像治疗师在治疗中做的那样。谈话的重点是关注孩子的焦虑是如何消失的，并且对孩子尝试或完成练习表示赞赏和鼓励。

✎ 本次会谈结束后的第一个上学日，按照孩子的上学时间，提前 90～120 分钟将孩子叫醒，安排孩子做上学日应该做的事。如果可能的话，尽量按照学校的作息安排来安排孩子一天的作息，尽管孩子是在家里，也应该完成相关的作业，读相关的课本和阅读材料。

✎ 继续完成日志记录，记录本周内发生的任何特殊情况。

第三次和第四次会谈　治疗成熟期

第三次和第四次会谈仍然会把重点放在系统脱敏上，并向孩子介绍现场脱敏。在现场脱敏中，治疗师会让您的孩子逐步进入让他/她感觉焦虑的情境，并运用所学的放松技巧来应对焦虑。在这个阶段，您的协助非常关键，您需要为您的孩子安排现场脱敏的时间和地点，并帮助您的孩子学习处理这种情境。

继续系统脱敏

治疗师会听取孩子在家中听着录音磁带进行想象脱敏练习（STIC 任务）所获得的进步，然后一起讨论这一周内发生的每一个问题。如果您的孩子不太愿意完成 STIC 任务，治疗师就会和孩子讨论他/她不愿意完成这个任务的原因。有些孩子不想完成这个家庭作业是为了避免体验焦虑的感觉，这说明治疗师设定的焦虑情境应该分为更细小的步骤，或者在想象脱敏的过程中加入“应对焦虑”的部分。也有些时候，孩子确实有特殊的困难，因此无法在家中听着录音进行想象脱敏并习惯出现的焦虑，在这样的情况下，治疗师可以在脱敏的过程中同时呈现孩子和一位他/她喜欢的超级英雄或运动员的形象，帮助孩子面对和处理这种情境。举个例子：

> 放学后，你在等妈妈来接你，但是她迟到了！你站在学校大门口，其他孩子都被父母接走了，老师也回办公室或开车回家了。天真的有些晚了，你有些担心妈妈是不是碰到了什么意外的事情。如果一些糟糕的事情发生在你身上，你将怎么办呢？你发现天越来越黑，大团的乌云滚滚而来。开始闪电了，接着是雷声。你想先回教室，但是门锁了！妈妈在哪啊？此时，你真的很害怕，觉得自己就要哭了。你在想妈妈一定遇到了可怕的事情，而自己也会被闪电击中。但是，请等一等，你开始想一想：“如果是××（孩子喜欢的人的名字），他在这种情况下会怎么做呢？”可以肯定，他也多次遇到过这种情况，可能他也是孤独一个人在校门外等候家人来接他。如果是他在这儿他会哭吗？他会告诉你要怎么做？想象一下他现在就站在你身旁。他说：“嗯，你害怕有一些糟糕的事情发生在妈妈身上，但是还有其他原因可能让她迟到吗？”你回答道：“嗯，可能堵

车了，因为路上总是有很多车。或者，可能她有某个急事耽误了一些时间。”他告诉你说：“很好！很好的想法！妈妈可能仅仅是晚了。现在，面对恶劣的天气状况，你该怎么办呢?”现在，请想象你自己对××（孩子喜欢的人的名字）说：“哦，我想我可以站在雨棚下面，在门边等妈妈。这样只要妈妈一来我就能看到她，也不会被雨淋到。”“做得很好!”××（孩子喜欢的人的名字）说：“做几次深呼吸，在门边等妈妈来，她很快就到了。”××（孩子喜欢的人的名字）给了你一个庆祝的手势，你觉得特别自豪！现在，想象一下自己正走向大门，站在雨棚下，安静地等待妈妈。

有一些孩子不愿意完成 STIC 任务是因为他们担心自己要是完成了任务就会好得更快，也就意味着会更快回到学校去。如果您的孩子出现这种情况，治疗师就会重点和孩子讨论治疗的目标，看是否还需要把其他因素（如，获得关注，在家获得的实质利益）更直接地纳入到治疗中。

治疗师会继续为您的孩子的焦虑和回避等级表上的每一个项目进行情境的构建，循序渐进地处理越来越有挑战的项目。如果您的孩子可以完整地听完焦虑和回避等级表的情境，不需要配合中性或放松的场景，同时报告的焦虑评分也很低，就是孩子获得进展的最佳证据。

向您的孩子介绍现场脱敏

现场脱敏要求进入或面对真实的生活场景或事件。在现场脱敏的过程中，治疗师必须帮助您的孩子在想象面对焦虑情境和实际进入焦虑情境之间建立起联系。请看下面的例子：

T：想一想，还记得我们讨论过你是如何学会骑自行车的吗？

C：记得，通过练习学会的。

T：对。而且你在治疗室表现得非常好，在治疗室和家里你都通过想象练习了如何来应对那些会使你心烦的事情。

C：是的，我总是做“看，我能行”，每天我都练习！

T：哦，非常好！让我们再来想想，假设你不知道怎样骑自行车，假如我们现在回到了你学会骑车之前，你能记得那时的情况吗？

C：我记得。

T：好的，现在，假定我给你看一个如何骑车的电影，你一遍遍地看那个电影。但是，你仅仅只是看电影，从来没有真的去尝试过骑车。你觉得会很容易就能跨上车然后骑着走吗？

C：不，我肯定得练习。如果不练习的话，我上去肯定就会左右摇摆，很快就会跌倒。

T：好！所以呀，看电影也许能让你知道自行车该如何骑，也能告诉你在骑车时要考虑些什么，但是你必须得一次又一次地练习，才能真的学会骑车。

C：是的，必须得练习才能学会。

T：嗯，我们的治疗也跟骑车一样。我们已经通过想象进入到了那些让你害怕的场景，而且你也已经做了很多努力来学习如何在那些场景中让自己不害怕。但是我们还需要帮你真的进入那些场景，实地去进行练习。你能理解我的意思吗？

C：也就是说我必须实实在在地去乘坐校车？

T：嗯，最终是这样的。但是首先，我们只会练习那些你已经在治疗室和通过磁带完成了想象暴露的场景。当然，我们也会到校车或其他让你感到害怕的情境中进行暴露，但是我们会一步步来，就像我们做想象暴露治疗一样。开始的时候我们都会进行想象暴露，然后我们再到现场暴露。放轻松，每次都只有一个步骤，而且爸爸妈妈都会在那儿帮助你。

进行第一次现场脱敏

从焦虑和回避等级表上的某一个较容易的项目开始，治疗师会和您的孩子进行角色扮演。这个角色扮演会尽量模拟真实的情境，目的是帮助您的孩子“行动起来”面对让他/她焦虑的情境。举例来说，如果您的孩子不管是在家里还是在学校，只要他/她自己一个人待着，就会感觉很焦虑，那么，治疗师就会构建一个类似的情境，例如，让孩子在某个时间段自己一个人待在治疗室。一开始，设置的情境以能引发孩子最低程度的焦虑为标准，治疗师会鼓励孩子用放松和深呼吸的技巧来应对焦虑。当您的孩子可以忍受这个情境之后，治疗师会一步步设置更具有挑战性的情境，同时鼓励您的孩子尽量不使用任何安全行为来让自己感觉“更好些”。下面这个例子描述的是一个害怕被单独留下的孩子如何循序渐进地进行现场脱敏：

1. 单独在治疗室坐 3 分钟，然后坐 5 分钟，孩子知道治疗师在外面大厅里。

2. 单独在治疗室坐 5 分钟，然后坐 10 分钟，孩子知道治疗师可能不在大厅里。

3. 单独在治疗室坐 10 分钟，光线昏暗，孩子知道治疗师不在大厅里。

4. 单独坐在治疗室里，孩子不知道要坐多长时间，治疗室内光线昏暗，治疗师不在大厅里，父母也不在等候室。

脱敏试验首先会在治疗师的协助下进行，面对的是相对容易的情境。每一环节成功后，要求就提高了。治疗师也会考虑您的孩子的需求，他/她知道在这个情况下会发生什么（比如，在上述环节 1 中，知道治疗师在大厅里），但随后，孩子开始不知道在这个情况下会发生什么（比如，环节 4，不知道要等多久）。之所以这么设计，是为了帮助您的孩子建立起应对焦虑、挑战性及失控情境的能力。当一个人感觉对情况失去了控制，或在某种情况下预感到有什么事情要发生，并且要发生的是非常糟糕的事情，那么，他/她就会感觉焦虑。这些脱敏的过程可以教会您的孩子，即使他/她无法全盘控制局势，他/她仍然能有效地进行应对，最坏的事情一般并不会真正发生。您的孩子需要学习忍受正常水平的焦虑，并在这个过程中积累应对的资源与技巧。

治疗师会邀请您和孩子一起来回顾孩子的进展。您的孩子会告诉您什么是现场脱敏，治疗师则会和您一起复习如何循序渐进地进行每日作息安排。为了让您的孩子习惯并融入校园作息安排，还需要特别给予指导来一步一步地帮助孩子。例如，下一次的 STIC 任务可能就包括去一趟图书馆或在放学后约见老师，以获得家庭作业等。这些任务会把现场脱敏过程和 STIC 任务紧紧地结合起来。治疗师会和您讨论任何与校园日程安排有关的问题，在必要时给予一定的建议。

现场暴露的进度和协助

设定现场暴露的进度可以分为几类。对于年龄比较小的、有特殊需求的或焦虑程度特别高的孩子来说，进度可以设置得慢一些。较慢的进度让孩子有机会充分地习惯焦虑，充分学习面对焦虑情境时的计划，同时也有利于治疗师和孩子建立信任关系，让孩子不再感觉到治疗师想要强迫他/她做什么事。

在现场暴露的早期，您或治疗师可以向您的孩子示范暴露，这可以让孩子接受来自可信赖的人的支持，看到他/她的榜样是如何处理这些情境的。在榜样示范的过程中，我们必须小心地把握示范和援救之间的平衡，记住，示范是您向孩子展示如何处理这个情境，而援救则是您代替孩子完成了处理情境的任务。示范和协助必须时刻以孩子为中心，目的是让孩子自己面对情境，并自己来处理这个情境。一般来说，首先，治疗师会让孩子看自己示范如何处理这样的情境，随后，治疗师会协助孩子来处理这个情境，您的孩子和治疗师（或您）是一个团队，共同来处理这个情境。接下来，孩子会在团队成员的鼓励下尝试自己处理这个情境。最后，您的孩子会独自面对这个情境，自己鼓励自己，完成现场暴露。

在密集暴露或满灌疗法中，您的孩子将会面对一个高强度的情境。治疗师不会循序渐进地从焦虑和回避等级表上选择较容易的项目，而是选择一个高得分的情境开始进行暴露。在满灌疗法中，放松过程往往被略过，因此可以大大减少治疗的时间。您的孩子直接进入焦虑情境，待在这个情境中，直到焦虑自然消失。对于年龄小、焦虑程度高、处于治疗初级阶段、长期拒绝上学或有社交焦虑/评价焦虑的孩子来说，满灌疗法并不适用。是否采用满灌疗法，取决于您的孩子在现场暴露中获得的进展及他/她是否能理解为什么要进行现场暴露。

家庭作业

第三次和第四次会谈后的家庭作业包含以下几个部分：

✎ 继续在睡前练习放松。

✎ 听录音磁带，练习想象脱敏，每天至少一次。

✎ 额外的 STIC 任务，最少在不同的 3 天里进行现场暴露。这个任务是治疗师、您的孩子和您都知情同意的。现场暴露可以包括以下任何一种或几种：练习独自待在家里，如，在各种不同的时间段独自待在某个房间里；在各种不同的时间段允许父母离家外出或只和看护者待在一起；早晨去校车站；去学校或学校某个教室或进入其他相似情境。您必须留出时间帮助孩子练习这些现场暴露，关于如何进行现场暴露，治疗师会给您和您的孩子特定的指导。

✎ 鼓励孩子坚持规律的学校作息时间，包括早起、穿衣服、准备上学、完成家庭作业等。避免在无意识中强化孩子的拒绝上学行为。例如，当您的孩子在家时，您可能很轻易就带着他/她一起去商店或外出办事，但是这些外出行动会强化孩子的拒绝上学行为，增加孩子对您的依赖，而且给了孩子一个错误的信号：在家待着也挺好的。因此，在您外出的时候，给孩子找一个看护者，或者，对于大一些的孩子来说，让他/她自己一个人在家里待着。

第五次和第六次会谈 治疗深入期

第五次和第六次会谈的目的是帮助您的孩子在他/她的焦虑和回避等级表中的所有情境上获得更快速和迅猛的进展。您和您的孩子必须竭尽全力安排好并完成指定的现场暴露练习(STIC 任务)，这一点非常重要，只有这样，您的孩子才能掌握面对和应对压力的经验。治疗师可能也希望在治疗室之外安排治疗（比如，在学校），协助孩子进行现场暴露。随着时间推移，您的孩子可以学会自己安排和执行暴露，把引发焦虑的情境转变为积极挑战自己的机会。这里的关键目标是训练您的孩子记住，一旦负面情绪出现，就立即安排暴露练习并使用应对的技巧，而不是逃避。这种应对的过程被称为“控制迁移”。在控制迁移模式中，治疗师担任专家的角色，在治疗中承担的责任是将如何应对负面情绪的知识迁移到您和您的孩子身上。在这个过程中，治疗师会向您示范并指导您在家中安排现场暴露，并帮助您的孩子锻炼焦虑管理的技巧。通过布置系统的家庭作业，您在控制迁移的过程中会成为主动而关键的角色，帮助您的孩子培养掌控负面情绪的意识。

回顾现场暴露和 STIC 任务

每次会谈的开始都会回顾上一次布置的家庭作业，观察您的孩子在现场暴露中获得了哪些进步。例如，布置的任务可能为拜访学校和/或老师，或在越来越长的时间里独自待着，或到达某个其他的情境并待在那儿。治疗师会在这些现场暴露中充当“故障检修员”，帮助孩子解决难题。治疗师会强调，在遇到困难情境时，使用深呼吸和放松技巧来保持平静是非常重要的，同样重要的是坚持留在这个情境中，而不是逃避。此外，治疗师还会向您询问孩子是否很好地按照学校的作息安排来生活，他/她最初显露出想要上学或参加学校活动的迹象是什么。

进阶 STIC 任务：消除安全信号

随着治疗的推进，孩子将要在会谈中或会谈间接受越来越多的焦虑情境的挑战。在孩子进行脱敏练习的过程中，一个关键点就是要让孩子在不接受帮助或不使用任何“安全信号”的情况下去面对困难情境。所谓“安全信号”，是指在某一情境中孩子可以依靠的并让他/她感觉更舒服的物体或人。尽管短期内安全信号能降低孩子的焦虑，但是长远来看，安全信号会让孩子持续保持焦虑，并阻止孩子认识到他/她可以完全应对困难情境而不需要任何人的帮助。

同样，焦虑的孩子也会发展出自己的安全行为和安全信号。例如，焦虑的孩子可能会变得更“黏人”或特别需要关注和确认。父母总想要安慰孩子，但是如果经常给予安慰就会导致他/她无法学会自己处理这种正常水平的不舒服。对于焦虑障碍的孩子来说，他们会由于某些负面情绪而拒绝上学，此时，“贿赂”加帮助的方法也许能让他们进入某些情境。例如，有些孩子只有在某个兄弟姐妹或朋友陪伴的时候才愿意乘坐校车。同样，惊恐发作的青少年则可能需要精细的安全措施，如随身携带手机，以便惊恐发作时可以打电话求助。他们也常常觉得如果离开家或离开自己的看护者特别困难，因为总是担心惊恐发作时没有人能理解自己的问题，也没有人帮助自己。

在增加STIC任务的复杂程度和挑战性的过程中，最关键的是尽可能地去发现、处理这种不必要和无助益的安全信号。表4.1列出了拒绝上学的孩子中一些很常见的安全信号。治疗师会帮助您的孩子安排现场暴露，面对并挑战这些负面情绪。随着每个练习的进步，安全信号会被逐步撤销，以便您的孩子有机会学习独自处理那些特定的情境。

表4.1　负面情绪、行为和安全信号

负面情绪和行为	安全信号
担忧：“如果……会怎样？”思维；要求重复确认；新的或变化的情境中的焦虑；完美主义。	重复询问；想知道每个细节和计划；书包里装着所有东西（担心落下某些东西）；反复擦掉重写使试卷“完美”。
惊恐：恐惧某种身体感觉突然来袭，如心跳突然加速、出汗、眩晕、气短或颤抖。	总是让某人（如朋友，父母）在身旁“以防万一”；携带某些特定物品（如水、药物、手机或呼机）使自己感觉更好；检查自己的心跳和脉搏；从不参与体育运动。
对特定物体或情境焦虑：对消防训练、乘坐校车、昆虫或动物、雷电、响铃、小地方（如教室）、医生、针或黑暗等焦虑。	关注天气预报并预测有暴风雨；开灯睡觉或需要有人陪着睡觉；耳塞。
分离焦虑：离开家或跟所爱的人分开后，会产生焦虑，认为会有非常糟糕的事情发生，然后两个人可能再也见不着了。	“跟屁虫”或黏着父母；总是要在父母视线所及之处；从来不单独待着；如果要分开，需要特别多的反复确认。
悲伤，忧郁或抑郁：情绪总是很低落；感到绝望或某些问题没法解决；无价值感和内疚感；对曾经感兴趣的事情失去兴趣；易怒；哭泣；死亡意念或自残意念。	黏人；不想单独待着；因为抱着“我从来就做不好”或“我不值得这样”的信念，所以总是让别人（父母、朋友）来解决或处理自己的问题。

现场暴露

随着STIC任务难度的增加，同时也伴随着安全信号的减少，您的孩子开始有机会学习处理困难的情境。治疗师可能会从想象脱敏开始做起，让您的孩子有足够的准备来应对真正的现场暴露。想象练习可以让您的孩子描绘出面对压力或焦虑情境，而不借助安全信号来处理情境。如果您的孩子进展非常迅速，现场脱敏就可以更早一些开始。下面是现场脱敏计划的例子，针对的是拒绝上学的孩子中最常见的三类负面情绪。

案例一：黏人的孩子——“别留下我一个人!”

主要问题

由于担心某些事情发生而拒绝上学，如担心灾难性事件会发生在父母身上，担心被绑架或被杀，或担心走失及找不到回家的路。

安全行为和信号

上学时每个小时都必须给家里打电话；如果父母外出要求他们每个小时打电话回家；总是要求父母尽早接自己回家；要求父母开车走同样的路线以防迷路。

现场暴露计划

让孩子练习外出或上学时越来越长时间不和父母联系，然后逐步达到不让孩子知道父母的去向。开始的时候，可以让他/她每隔90分钟打一次电话，然后再到上午两次电话下午一次电话，然后是上午一次电话，最后的目标是整天都不打电话。当父母外出孩子在家的时候也是安排同样的程序：开始是父母每隔90分钟打电话回家一次，然后是每隔两个小时一次，之后四个小时一次，最后整天都不打电话。

对于由于父母不按时接送而产生焦虑的孩子来说，现场暴露练习可以按照如下方式进行：首先是让父母迟到5分钟来接，并能给出比较合理的解释（如堵车）；然后是迟到10分钟，仍然有合理的解释；再后来是迟到10分钟，不给解释；然后是迟到20分钟（逐步增加至迟到45分钟）。为了增加挑战性，可以找一些孩子不认识的"同伙"或协助者，让他们在孩子身边经过或问路。在进行这种暴露的同时，要指导孩子如何保证自己的安全：在学校里面等待父母并告诉办公室的老师自己的位置；在学校外面等待并告诉老师或熟悉的成人自己正在等父母；不要接触陌生人；如果有陌生人试图接近，快速走向同伴中间、认识的人身边或者是一些权威人物身边，如警察和交警等。这种暴露的目的在于提高孩子对生活中正常的麻烦事的忍受力，发展必要的技能来应对这种情境并保证自己的安全。

有些孩子担心迷路，对这类孩子进行现场暴露脱敏，可以蒙着孩子的眼睛（使用面具或围巾），不说话，带着孩子环绕办公大楼或到外面走走。牵着孩子的手，但是不跟他/她说话，孩子无法看到周围的环境会导致他/她的焦虑上升，通过多次练习，孩子将能够适应这种情境。之后，要求父母在不熟悉的街道上模仿迷路的状况，并偶尔嘀咕："孩子，我们现在在哪啊？"告诉父母不要给孩子任何确认，待在"迷路"状态并延长处于"迷路"状态的时间。然后，保持平静和一切尽在掌握的姿态，家长会告诉孩子他计划如何找到正确的道路："好的，让我们来看看我们在哪儿。先慢慢地呼吸，放松。这是海兰大道，我知道我们可以在某处开进新道普巷。别着急，冷静一点，放松。我会再沿着这条路开一英里。好了，前面就是新道普巷！我就知道只要我保持冷静就能找到方向的！"

案例二：按下惊恐的开关——"我很难受，救救我！"

主要问题

惊恐发作会发生在不同情境或不同场所，可能导致恶心、眩晕、气短、心悸、出汗、颤抖、麻木或刺痛感以及不真实感。这些发作是突如其来的，也许会发生在学校里，校车上，公共场所如商场、电影院或拥挤的人群之中。

安全行为和信号

随身携带纸袋以防过度通气，携带一瓶水来“打开”喉咙，携带手机用于电话求助。无时无刻不需要妈妈在电话旁候命；为避免在校车上引发惊恐表现，要求父母重新安排他们的工作日程以确保有时间接送；因为惊恐发作常常出现在下午，每天只上半天学；每天下午都在家躺在床上休息以避免惊恐发作；上课的时候要求老师安排一个安全通道，让他/她能顺利跑到校医务室（平均来说，每天早上至少有1小时待在医务室），如果出现任何症状，就立即到医务室躺在床上。

现场暴露计划

对于惊恐发作的孩子来说，内感性暴露练习能帮助他们对惊恐发作的生理感觉脱敏。内感性条件反射是学会害怕的生理感觉的过程。经历过惊恐发作的人一开始感觉到的是身体状态的改变，随后对这种改变产生警觉，担心这种改变有某种暗含的意义。之后他们都会避免诸如跑上楼梯、有氧运动、喝咖啡因饮料或其他可能导致身体改变的活动。征服惊恐发作的关键在于学会忍受正常的生理唤起和改变而不会担惊受怕和痛苦。内感性暴露是指通过反复尝试系统地激起这些感受来降低焦虑。因此，最开始需要形成一个感觉等级表，其中的项目会使孩子感到害怕，暴露就从引发焦虑最小的感觉开始，然后逐步向前推进暴露，直到那些能引发孩子高焦虑的感觉。表4.2列举了典型的暴露练习及其目标感受。

表4.2　　内感性暴露练习及其目标感受

练习	目标感受
围着椅子转	眩晕，头昏眼花
跑到某个地方或跑上楼	气短，心跳加速
通过管子呼吸	气短，胸闷
凝视光源然后阅读	视觉干扰，不真实感
左右摇头	头昏眼花
拉紧肌肉，让它们紧紧的	肌肉紧张，刺痛感
强力呼吸	气短，心跳加速，头昏眼花，刺痛感
让头低过膝盖，然后很快抬起来	头昏眼花，眩晕，不真实感

让孩子进行内感性暴露练习的主要目的是教会孩子这些感觉只是暂时的、可以预料的，也是可以控制的。更重要的是，孩子要认识到这种生理状态的改变其实是正常的，没什么危害。提前告诉父母，孩子可能会有一定程度的不舒服，但是仅仅是暂时的。惊恐发作的感觉并没有危害，即使孩子不做任何努力，它也会自然消散。更重要的是，因为经历了惊恐发作的过程，孩子将认识到，那种正常的机能并不需要去改变。

鼓励孩子进入他/她回避的情境，指导他/她慢慢地离开安全信号（如纸袋、手机、水瓶），逐步增加上学时间并限制去医务室的次数。完成这些步骤需要和学校老师、校医紧密合作，所以一定要和他们沟通好如何教导孩子遵循脱敏治疗的规则。同样，在家里的练习要求孩子更少待在床上，增加能引发生理感觉的身体活动（如骑自行车）的时间。当焦虑水平上升后，指导孩子进行深呼吸，即使要经历惊恐感受，也要求他/她待在那个情境中。

如果你对这一技术感兴趣，希望获得更详细的内容，可以参阅牛津大学出版社出版的《掌控你的焦虑和惊恐——治疗师指南》。

案例三：担忧者——“如果……会怎样？”

主要问题

对环境、习惯的改变过分担忧，做事要求完美或要达到不现实的标准；难以集中注意力，难以休息好；抱怨肌肉紧张或疼痛；反复以同样的方式询问同一问题。

安全行为和信号

持续向父母、老师和同伴寻求确认；老师反馈说“孩子总是在我的办公桌旁边”；孩子想知道一周内每天的家庭活动计划，如果计划改变或一些无法预料的事情发生后孩子无所适从。

现场暴露计划

教导孩子体验“不那么完美”或“并不如愿”的环境并接

受出现的后果，不再向父母寻求反复确认。例如，要求一个极端完美主义的孩子给自己一些无法承受的压力，有意造成家庭作业或体育运动中的错误（如，棒球运动中的出局）。同样，对于过分关注外表整洁的孩子来说，要求他/她穿皱巴巴的衣服，头发任其乱糟糟的，不照镜子（参见第五章）。也不要给孩子任何确认。如果孩子反复询问“你认为这样可以吗”，指导父母不要给予任何反馈。帮助父母确立寻求再确认的限制（参见父母自助手册和第六章）。如果现场暴露安排了故意在试卷上出错这一步骤，应该请老师告诉孩子“希望你将错误改正”，并且准备一些作业单专门供现场暴露练习使用，而这些练习单不会进入学生的成绩档案袋中。同时告诉孩子，即使犯了错误，也没有什么长期的不良后果，而且大多数错误是可以改正的。

对于过分关注计划或活动细节的孩子来说，要教他/她面对未知和变化的场景。让父母安排一次外出，包含很多活动（如，首先去商场，然后去奶奶家，之后再去图书馆）。一般来说，过分担忧的孩子会想知道每个活动的具体细节安排，比如会在那儿待多久，会发生什么事情，还有谁会参与活动等。指导父母改变活动的顺序（如先去奶奶家），改变每个安排的时长（如，比原计划提前离开或在某处待更长时间）。当孩子开始适应时，指导父母通过让孩子面对一些确立的预期（如，奶奶不在家，图书馆闭馆）和取消计划中的某个安排来加强现场暴露脱敏。最后，让父母在临行前的最后一分钟取消整个外出计划，并且不提前给孩子任何通知。

如何提供适度的反复确认

作为家长，在孩子感觉不安时，您本能的反应就是去安抚孩子，保护他/她不受伤害和减轻他/她的压力，给孩子一段增加他/她的自尊和有助于孩子发展的经历。面对因害怕而哭泣的孩子，你最本能和正常的反应就是给他/她一个大大的拥抱和安慰的话语。同样，对孩子来说，向您询问生活中大大小小的事情也很正常，尤其是随着他/她年龄越来越大，对这个大世界也有更多的经验之后。

但是，那些容易感觉到焦虑和抑郁的小孩，会打破您的极限。这不是孩子的错，当然，也不是您的错。有些人天生就更容易在压力面前产生抑郁、焦虑和恐惧。例如，您用几分钟来想想您的亲戚或朋友，假设突然得知自己马上要被解雇了，他们都会有什么样的反应。有些人可能会很生气，对着墙壁挥舞拳头；有些人则开始担心被解雇之后可能会发生的各种糟糕的场面；另一些人，会坐下来为失业做好准备，并思考如何来应对这个情况。每个人的脾气不同，因此，他/她的反应差别也很大。每个人出生时就有不同的脾气，因此，根据他们的脾气，他们也变得倾向于更容易生气、抑郁、焦虑、害怕、兴奋、低调或“崩溃”。

一个生来就焦虑和抑郁的人，在他/她的成长过程中，可能会学习到用心情不好来应对各种各样的情境。因此，您的孩子焦虑和抑郁的脾气会和家长行为产生相互的负面影响。当您的孩子不安时，您会希望去安慰他/她。那些孩子比较焦虑和抑郁的家长往往会发现，他们需要用“平静”的脾气尽己所能地给孩子更多的安慰和再确认，他们也注意到自己对孩子的反应方式和其他家长对孩子的方式可能有所不同。甚至，随着孩子慢慢长大，家长会发现自己永远无法提供孩子所要求的足够安慰和再确认。孩子的痛苦在继续，问题并没有解决，家长也开始对每天的生活越来越灰心丧气。这似乎有点矛盾，作为家长，您希望安慰您的孩子，因为您的孩子容易抑郁；但是，您永远都无法提供足够的安慰让孩子满意。结果，您开始对孩子感觉灰心或愤怒，开始害怕面对孩子无止尽的不合理的需求。到了最后，作为家长，您开始感觉内疚或不称职。

您并没有做错什么。您的孩子的拒绝上学行为和伴随的痛苦，来自于他/她容易抑郁的脾气特点和他/她的生活经验，以及您成为一个好家长的愿望。一般情况下，不要去责怪任何人，也没有理由去责怪任何人。您的孩子在他/她的成长过程中学到了如何用特定的方式来应对各种情况，而您则学会了用越来越多的再确认和安慰来应对您的孩子。但是，想要真正帮助孩子来应对他/她的痛苦，最关键的是不再向孩子提供超过一般水平的再确认和安慰。

在放松训练和暴露中，您的孩子将学会接受日常生活中的不安和低落。同时，您的孩子也会学习在正常水平的情绪唤起或痛苦时安慰自己，用恰当的应对技巧来进入和处理家里和学校的各种情境。对您的孩子来说，如果在这个项目中成功了，您应该像治疗师那样给予反馈。您需要学习提供恰如其分的再确认，当孩子表现出没有必要的不安或过度的痛苦时，您必须忽视孩子的抱怨和眼泪。现场脱敏方案的目标是让孩子暴露在他/她感觉害怕或恐惧的情境下，并让孩子知道他/她能应付这种场面。在离开学校一段时间之后，您的孩子可能会对重返校园感觉有些不安，如果您在这个时候提供了过度的再确认，允许孩子逃避现场脱敏或从现场脱敏中逃脱，他/她就会理解为他/她无法处理这种情况。只有通过实际经验，您的孩子才能学会如何管理这种负面的情绪。您得做好心理准备让您的孩子感觉到一些痛苦，直到他/她明白什么事都不会发生，他/她完全可以有办法来解决。

下面是提供再确认的一些指导。

如果您的孩子问一个问题，只回答一次。如果他/她再问，提醒孩子他/她已经得到您的回答了，但是只提醒一次，而且要保持平静。如果孩子再问，那就从孩子身边走开。举个例子：

孩子：我什么时候开始上学呢？

家长：周一开始，上社会课。

（10 分钟之后）

孩子：周一我必须要去上学吗？

家长：你知道这个问题的答案的。

孩子：但是，是下个周一吗？是吗？

（家长从孩子身边走开。直到孩子开始谈论其他的主题，或开始谈论某些更恰当的上学相关的问题时，家长可以回来和孩子继续讨论。）

如果您的孩子开始尝试进行某项新的或相当有挑战性的现场脱敏练习，指导他/她使用在治疗中学会的放松和深呼吸的技巧。提醒一次您的孩子他/她在这个环节所取得的成绩。不要在这个问题上纠缠，也不要和孩子长篇大论地讨论这个问题，如果那样做，您给孩子提供的安慰和再确认就太多了。

孩子：我想我不可能一整天都待在学校。如果感觉不好，想要回家了怎么办？

家长：为什么不看看治疗日志和笔记呢？想一想，那些你曾经做不到的事情，你现在都已经做到了。

孩子：嗯，我知道。但是不一样，Eisen 医生总是陪在我身边。但是现在我一整天都得靠我自己了。

家长：听起来，你可能得多多练习深呼吸和放松了。

孩子：但是万一我在学校忘记做了怎么办？万一我真的病了或者发生其他事情了会怎么样呢？我不知道我周一是不是应该去上学。

家长：计划安排的就是周一，所以你周一得去上学。你知道怎么来帮助自己，现在你得付诸行动了。（家长转身离开）

当您的孩子做出恰当的行为积极应对并开始练习治疗中所学到的技巧时，重新回来关注您的孩子。关键在于，当孩子坚持执行治疗项目并忽略负面情绪时，强化您的孩子的这种行为。

家长：嘿，我刚才听见你在播 STIC 磁带了，现在怎么样？

孩子：Eisen 医生说过我应该每天练习，想象我越来越长时间地待在学校里。

家长：你在按照医生的指导做，我真为你感到骄傲。这对你来说很不容易。你应该为自己感到骄傲，因为你决定要去上学了，完成了计划的所有任务。你现在做点什么会容易些？

（家长和孩子继续讨论进展，讨论孩子在面对痛苦情境时的积极表现。孩子通过讨论他/她在应对过程中付出的努力，重新获得了您的关注。）

治疗师可能会要求您参加治疗，练习如何忽略不恰当的行为和积极关注恰当的行为。同时，治疗师也会和您讨论在孩子进行现场脱敏时您可以如何给孩子提供帮助。

家庭作业

下面是第五次和第六次会谈后布置的家庭作业：

✎ 睡觉前跟随磁带进行放松练习，完成日志。

✎ 完成 STIC 任务，包含不同的现场暴露计划，此外，想象暴露脱敏也是必需的。

✎ 随着治疗的推进，上学时间应该不断增加，目标是让孩子每天的大部分时间都在校学习。

第七次和第八次会谈　完成治疗

在这两次会谈中，孩子可能会被要求每天都去上学。最初几次，治疗师可能会和孩子一起去学校，并给孩子提供帮助。非常重要的是，对于那些对痛苦很敏感的孩子来说，他/她得继续使用在治疗早期学会的深呼吸和放松技巧。这些技巧在帮助孩子面对真实生活中的焦虑情境或压力时的作用是无可估量的。现场脱敏和暴露 STIC 任务的目标是帮助您的孩子做好准备来面对这些情境，给孩子机会练习在特定时刻管理自己情绪。最为关键的是，STIC 任务设计了一个过程，它让您的孩子逐渐做到每天都能全程待在校园里，同时需要的治疗师的帮助却越来越少。现在，您的孩子已经完成了控制迁移训练，他/她应该能自己承担治疗的大部分责任，并把所学到的技巧都运用到实际生活中去。如果有必要的话，治疗师会继续使用前几次会谈中的技巧来帮助您的孩子达到这个目标。

第五章
孩子为了逃避痛苦的社交和/或评价情境而拒绝上学

第一次会谈　开始治疗

许多人都能回想起这样的场景：当自己处于社交情境，成为大家注意的焦点，参加考试或被别人评价时，都会出现恶心、颤抖或其他的焦虑表现。对于大多数人来说，他们的这些焦虑表现会很快消失，应对社交情境或评价情境的能力也不会受到损害。许多人甚至都能回忆起上学的时候被要求在课堂上做口头报告，被他人嘲弄或考试时曾多次感觉到焦虑的生理反应。对于一些孩子来说，在社交和评价情境中的焦虑是非常痛苦的，以至于他们根本无法忍受这种情境。因此，他们就产生了回避行为。对为了逃避令人苦恼的社交和/或评价情境而拒绝上学的孩子的治疗包括：

- 识别焦虑情境中孩子的自我对话。
- 将负面思维转变为应对性、有助益的陈述。
- 在治疗中逐步暴露引发焦虑的社交情境。
- 在真实的社交情境中锻炼技巧。

每次会谈，治疗师大部分时间都会和您的孩子在一起，但在每次会谈结束之前，治疗师都会邀请您加入，一起回顾治疗的过程，并安排家庭作业。如果您的孩子逃避的情境中有人，比如，参加聚会、发起或参加会议或打电话，治疗师会告诉您如何帮助孩子进入这些情境。同样，如果您的孩子在表演或评价情境中出现问题，他/她就得学习用循序渐进的结构化模式进入这些情境。您的任务是帮助孩子，让孩子更容易接近这些情境，当然，是在治疗师的指导之下。

心理教育

治疗一开始，治疗师就会向孩子解释社交和评价焦虑的本质及发展过程。焦虑会被分为三个部分：感受（感觉到什么）、思维（我想到什么）、行为（我做了什么）。下面这个例子描述的是治疗师向孩子解释这三个部分如何交互作用，最终导致焦虑发生并维持焦虑状态。

> 你还记得第一次骑车时的情景吗？回想一下当你第一次骑上车时的感觉，你能够跨上去并骑着走吗？还是感到摇摇晃晃，认为自己会跌倒？再回想一下你是否叫别人帮你扶住后座来保持平衡？如果他们放手让你自己骑，想过会发生什么情况吗？嗯，就这样，经过一次又一次的练习，你学会了骑车，那时感觉也很舒服。现在，你再想想你骑上车时害怕吗？当然不！因为你已经学会了骑车，现在，即使是骑上车的时候有些摇晃你也根本不会注意到！
>
> 现在再想一想，如果你是第一次骑车，感觉到左右摇晃，你觉得会有什么事情发生呢？你会从自行车上下来，然后再也不骑了吗？如果你跟自己说"这太可怕了！我肯定会跌倒、会受伤"，那么你会怎样呢？你认为你还会想要再去骑车吗？绝不可能！如果你告诉自己做某件事很可怕，那么它真的会变得很可怕并且会阻止你再去尝试它。这个道理对其他人来说是同样的，当他们不得不做个口头报告，在他人面前演奏乐器，或参加学校的考试甚至是开始一次交谈时，也是如此。因为他们总是告诉自己这些情境都很可怕，并且他们也会感到颤抖或难受等等，因此，他们再也不愿意做那些事情。同时，他们越是回避那些事情，情况就变得越糟糕，这正是因为他们所感受到的恐惧比实际可能体验到的恐惧更强烈。

一般来说，治疗师可能会画三个圆圈，分别描述焦虑的三个部分，询问并帮助孩子识别当他/她面对社交焦虑情境时，他/她在感受上、思维上和行为上分别有哪些表现。治疗师会使用杂志上的卡通形象或图片代表不同的情境（如，站在一小群孩子附近，或和一名成年人交谈），询问您的孩子并让他/她描述图片中的孩子会有什么感觉，在想些什么以及会做些什么。通过这种方式，治疗师可以和您的孩子建立起治疗关系，了解什么会引发孩子的焦虑，并了解孩子如何看待各种各样的情境。治疗师会告诉您的孩子焦虑如何升级，以及与之相反的，焦虑如何降级或平静下来的过程。

建立焦虑和回避等级表

通过评估访谈和日志中收集到的信息，治疗师会帮助您的孩子建立他/她的焦虑和回避等级表（AAH）。在建立该表时，治疗师可能还会询问您的意见，他/她会给您一份空白的表格。您可以从本手册复印或从本书的官方网站（www. oup. com/us/ttw）下载焦虑和回避等级表。该表将会列出那些治疗师和您的孩子想要通过治疗来改变的事物或情境。这些就是治疗师和您的孩子在治疗中需要处理的情境。通过情绪温度计（见图 4.1）或其他的测评量表，您的孩子会在每一次会谈时进行焦虑和回避评分。

图 5.1 是一份焦虑和回避等级表的样例，个案是一名 12 岁的小男孩 Mark 因为社交和评价情境焦虑而拒绝上学。您可以看到，焦虑和回避等级表的步骤是循序渐进的，您的孩子可以从最简单（最低）的项目做起，一直过渡到最难（最高）的项目为止。您的孩子的治疗过程就是这样的。

焦虑和回避等级表

问题：为了逃避社交或评价情境焦虑而拒绝上学

让我害怕的情境或地方	焦虑评分	回避评分
1. 和两个不是很熟的孩子开始交谈	8	8
2. 去餐厅午餐，和一些不太熟悉的孩子坐在一起	8	7
3. 在课堂上自愿起来读课文或上黑板写字	7	7
4. 打电话给班里同学询问作业	7	7
5. 举手回答问题	6	7
6. 做口头报告	6	6
7. 家里来电话时去接电话并和人交谈	5	4
8. 向老师请求帮助或要求老师解释某件事	4	4
9. 在咖啡厅或餐厅点餐	4	4
10. 和认识的人开始交谈	3	3

图 5.1　Mark 的焦虑和回避等级表

识别和改变负面思维

社交或评价情境中的焦虑主要来源于负面思维或“自我对话”。当一个焦虑的孩子在预测一个社交或评价情境时，他/她总是会考虑自己会犯什么错，会有多么糟糕或总是认为别人会嘲笑他/她、认为他/她不好等等。在这些情境中，孩子会过分关注负面思维而不是事情的真实进展，因此，焦虑越来越强烈以至于彻底打败孩子。治疗师会为孩子制定一套方案，帮助孩子识别和改变这些负面思维。

对于一个年龄较小的孩子来说，治疗师可能会用字母 S、T、O、P 来帮助识别和改变这些思维：

S：你感觉害怕（Scared）吗？

T：你在想（Thinking）什么？

O：其他有帮助的想法（Other Helpful Thoughts）有哪些？

P：表扬（Praise）你使用这些步骤并为下次做好计划（Plan）。

根据孩子的年龄和认知发展水平，治疗师可以和孩子一起逐步演练上述四个步骤，重点在可能引发焦虑思维的不同社交或评价情境中演练这些步骤。然而，孩子并不需要了解这些步骤的细节。事实上，对于年龄较小和认知能力有限的孩子来说，在他们面临焦虑情境时，使用 STOP 图标的卡片（图 5.2）来帮助他们停止负面思维是很有效的。当孩子面对害怕的情境时，这个图标能给孩子一个信号：“停下，思考”。

图 5.2 STOP 图标

对年龄稍大一些的孩子或青少年，治疗师会帮助他/她识别“自动思维”（ATs）。“自动思维”是负面的、无助益的、焦虑的想法，往往是自动出现的，总是集中在某个情境中危险和可怕的地方。实际上，ATs 会使一个良好的情境看起来很可怕。常见的 ATs 包括：

非黑即白： 它必须要完美。我根本做不了这件事。

灾难化： 这是发生在我身上的最糟糕的事情。

过分概括： 我从来没做对过任何事情。

贴标签： 我真是个白痴。我太愚蠢了。

“不能”或“应该”： 我永远也不能做好。我不能做这个。我本应该做得更好一些。

读心术： 她认为我很蠢。我知道他们不喜欢我。

命运预测： 这次考试我通不过。没有人愿意跟我说话。

忽略积极面： （这种情况经常发生在别人给予表扬时）我还可以做得更好。这不是我最好的状态。

第一次会谈时，您的孩子会学习识别他/她在这些触发焦虑的情境中的思维。首先，治疗师会让孩子回忆焦虑发生的导火索或诱因（也就是“S”代表的步骤）。对年龄较小的孩子，治疗师会让他/她用画画的办法告诉治疗师哪些东西会让他/她感觉焦虑。而对年龄大一些的孩子，治疗师会要求他们用日志或列表的方式归纳出引发焦虑的情境。在此过程中，您可以通过日志来帮助治疗师识别这些线索，把您注意到孩子出现逃避或其他焦虑行为的情境都记下来。您应该和孩子分开记录，互不干涉，而且最好不要提醒孩子他/她的这些反应，也不要和孩子的列表进行比较。治疗师会要求年龄大一些的孩子将他们进入触发焦虑情境时的思维都列出来，他/她会用这个列表来帮助孩子探索他们是如何预知负面事件的发生的。

训练小组

开始治疗后，治疗师会让您的孩子回顾每天的进展。如果您可以跟着孩子的脚步，挑战和改变自己的思维，那将是非常有助益的，当孩子经历艰难的情境时，您可以成为他/她的“教练”。

体育运动小组也许可以很好地解释训练小组将如何帮助您的孩子。孩子会被告知，他/她是运动小组的“主力运动员”，治疗师是“总教练”，而家长则是“助理教练”。治疗一开始，总教练会布置所有的动作，拿出“STOP”计划来改变和挑战思维，设置最初的角色扮演暴露来训练运动员管理焦虑。助理教练（家长）会帮助孩子在家里安排训练。同样，助理教练也需要学习动作（STOP 计划），在孩子需要的时候给予帮助。治疗师会指导您尽快让孩子使用 STOP 步骤。当“比赛”（治疗）取得进展时，总教练会允许“主力运动员”安排一些他/她自己喜欢的动作。最初，教练会给予一些协助，但是当主力运动员能够很好地理解这些动作时，他/她就得独立来完成了。这个安排描述了帮助您的孩子学习焦虑管理技巧和暴露方案的过程，同时还安排好了第一次暴露。但是，随着时间和训练的进行，您的孩子会在治疗中承担越来越多的责任。

家庭作业

第一次会谈后布置的家庭作业包括：

✎ 您和您的孩子分别记录日志，列出引发孩子焦虑的情境。

✎ 继续完成日志（日志格式参见第二章）。记录一周内发生的任何特殊情境或经历。

第二次会谈 强化治疗

在本次会谈中，治疗师首先会继续关注您的孩子的自我对话，尤其是教您的孩子去识别和辩驳负面的、无助益的思维。治疗师会使用行为暴露去触发您的孩子的焦虑反应，让孩子使用应对自我对话的技巧。在行为暴露中，治疗师和您的孩子将进行角色扮演，模拟一个制造焦虑的情境，比如在咖啡馆开始和别人交谈。角色扮演的目的是促进您的孩子体验焦虑的情绪，识别那些总是伴随焦虑出现的负面思维。随后，治疗师会帮助您的孩子与这些思维进行辩驳。此外，行为暴露也会让您的孩子有机会练习逐步进入那些引发焦虑的情境，因此获得进入和掌控这些情境的经验。在您的帮助下，进入这些情境的真实生活（现场）练习会在治疗期间进行。这些家庭练习被称为“看，我能行”（STIC）任务，治疗师会帮助您设置和组织这些 STIC 任务。

挑战和改变负面思维

治疗师和您的孩子一起回顾上一周的情况，重点是识别焦虑的诱因，以及相应的负面思维和形象。在黑板或活页纸上，治疗师会帮助您的孩子找出他/她情绪唤起及负面思维的特定模式。下述对话与图 5.3 就是这个练习的示例（T 是治疗师，C 是孩子）：

T：嗯，上周发生的一件事情就是那天你走到操场，有很多孩子正在玩游戏。这让你感到紧张？

C：是的，我觉得心烦。

T：好的，也就是说“触发事件”就是看到一群孩子在玩游戏，我把它写在黑板上，把它叫做“触发事件”。嗯，想一想，在你看到那些孩子之前发生了什么。你从教学楼出来，朝操场走去。当时你在想什么？

C：不知道，我想出去玩。

T：嗯，你想出去玩。你想过要玩什么游戏吗？或者你想过和谁玩吗？

C：是的，我想和我的朋友 Bethany 玩捉迷藏。我正在找她。

T：好，那在你走到操场之前，你感觉如何？

C：我想去玩，到了休息时间我觉得很开心。

T：之后你看到大家在一起玩，注意到了什么？

C：Bethany 和一群孩子在那儿，我开始紧张了。

T：好的，那就是 STOP 中的“S”，我们也把它写在黑板上。当你看到 Bethany 和一群孩子在一起时，你第一次感到了害怕。当时，你在想些什么？

C：我从来不和那些孩子一起玩的，Bethany 也许不想和我一起玩。如果他们都不愿意和我一起玩怎么办呢?(治疗师把这些思维写在黑板上的“T”下面。)

T:好,我们一起来看看你的这些想法,一个一个来看,从“我从来不和那些孩子一起玩的”开始。你记得开始和 Bethany 玩之前的事吗?在认识她之前?

C:记得,是在一年级时。

T:当你第一次见到她时,你害怕去和她一起玩吗?

C:有一点。但是我们还是一起玩了,还好。

T:所以,一旦你们开始一起玩了,你就会越来越不害怕?

C:是的,我不再害怕和她一起玩耍,之后我们成了好朋友。

T:很好!当我们没有做过某件事时,它总会有第一次,但是一旦我们做过了,它就变得越来越容易。所以,你能不能对自己说些别的,而不是“我从来不和那些孩子一起玩的”?

C:嗯,以前我没有和他们一起玩过,但是我可以试试和他们一起玩,认识他们。(治疗师将这个想法写在黑板上的“O”下面。)

T:做得很棒!这的确是一个很好的想法,它能够告诉你该怎么做。

触发事件	害怕(Scared)	想法(Thoughts)	其他有用的想法(Other helpful thoughts)	表扬(Praise)
课间休息。	看到 Bethany 正和一群孩子一起玩耍。	我从来不和那些孩子一起玩的。Bethany 也许不想和我一起玩。如果他们都不愿意和我一起玩,怎么办呢?	以前我没有和他们一起玩过,但是我可以试试和他们一起玩,认识他们。	对我来说,这真是个好主意!

图 5.3 STOP 样本

治疗师将和您的孩子一起逐个讨论每个负面思维,询问孩子在类似情境中的经验,教会您的孩子去检验这些思维的证据并用理性而合理的想法来辩驳这些思维。以下这些问题(术语为“辩驳问句”)常用于辩驳焦虑思维:

- 我能百分之百地确定它会发生吗？
- 我真的知道那个人会怎样评价我吗？
- 最坏的事情真的会发生吗？
- 以前我是否经历过这种情境呢？它真的有那么糟糕吗？
- 这一可怕的事情实际上发生过几次？
- 如果我没法在这次考试中获得满分，那会怎样？
- 我是唯一必须面对这一情境的人吗？

治疗师会和您的孩子一起用"STOP"讨论几个例子，练习挑战和改变这些负面思维，帮助您的孩子为本次会谈的下一步骤，也就是行为暴露做好准备。

在行为暴露中追踪焦虑变化

在您的孩子开始角色扮演之前，治疗师会要求他/她进行焦虑评分，这是您的孩子对自己感觉到的紧张或焦虑进行评估。治疗师会让您的孩子用情绪温度计或其他测评量表来对他/她的焦虑水平进行评分。大部分行为暴露的长度为15分钟左右，在角色扮演行为暴露的过程中，焦虑评分每分钟进行一次。治疗师会在整个治疗过程中记录您的孩子的焦虑评分。同样，在暴露练习前，治疗师会让您的孩子为行为暴露确定几个特定的目标。这些目标是具体的、可观察到的及可达到的行为或动作，您的孩子努力的方向就是达到这些目标。例如，在针对召集或参与会议的暴露来说，孩子可以有以下这些目标：

- 我要介绍我自己，向大家打招呼。
- 我要提两个问题。
- 在会议过程中，我要抬起头来，和会议成员保持良好的眼神接触。

治疗师也会在角色扮演暴露中追踪这些目标是否已经达到。在角色扮演之后，治疗师会和您的孩子讨论他/她的感觉，以及他/她认为孩子是否已经达到事先确定的目标。治疗师会在黑板或活页纸上画图，呈现孩子的焦虑评分，对每个目标都给出"分数"。在这个阶段，治疗师会帮助您的孩子进一步暴露，关注孩子的行为，观察焦虑是否影响了孩子的表现，以及观察您的孩子是否能使用STOP程序来改变每个负面思维。随后，为了获得成功并克服在暴露过程中出现的问题，他们会一起讨论建立应对策略。这一过程中的主要作用有两点：第一，练习能有所助益；第二，只要您的孩子学会将注意力放在情境中而不是放在自己的感觉上，焦虑就会自然而然地消失。

初次行为暴露

治疗师会帮助您的孩子在焦虑和回避等级表上选择相对容易的情境开始做起，他/她和您的孩子将会一起在治疗中创设情境，让您的孩子练习STOP程序。在您的孩子的治疗过程中，行为暴露主要为几个目标服务，让您的孩子在接近或进入他/她通常回避的情境中练习焦虑管理技巧。您的孩子在正常水平的焦虑面前，不可以躲避或逃跑，而是要学习忍受正常的焦虑唤起，自己处在这个情境中，让这些感觉自然消退。行为暴露让您的孩子有机会学习掌握和控制他/她的焦虑反应。

行为暴露中用于了解治疗过程的另一个方法是思考那些让人感觉焦虑的社交情境。例如，想象你自己回到校园，在等待老师叫你的名字并要求你做一个口头报告。想想看，当时你的脑子里可能在想些什么？任何人在做口头报告前都会忐忑不安、手心冒汗、声音颤抖和出汗。随着老师一个接一个地叫你的同班同学的名字，你在猜什么时候会轮到你，看看表，你心里想："我希望今天不会轮到我，下课铃快响吧。要是我不知道怎么回答该怎么办？"如果在轮到你之前下课铃就响了，回忆一下，焦虑的感觉和想法会有什么变化？这些感觉和想法瞬间就消失了。但是，这种瞬间的放松到了最后却反而强化了焦虑，对那些容易焦虑的人来说，遇到焦虑就逃跑或回避的模式开始启动了。对这些人来说，在下一次，只要有一点儿焦虑的迹象出现（比如，忐忑不安，或"如果……会怎样"的想法），他们就会想要回避这种情境（比如，在家待着，抱怨自己身体不舒服）或从这种情境中逃离（比如，说自己病了，离开学校）。然而，那些继续上下一节课并等着轮到自己来做口头报告的人，却有机会得到习惯这种情境的经验，学到一堂不一样的课。

回忆一下，当你真的在做口头报告时，情况是怎么样的。尽管你一开始感觉焦虑，但是随后，你就会发现最初的感觉很快就自动消失了。这些感觉每个人都体验过，当你预期某件事要发生或为某项活动做“心理准备”时，这些感觉就会暂时出现。而且，当你有过几次这样的经验或者和自己的同伴或家人谈论这些感觉的时候，你会明白，每个人都会在某个时刻有这样的感觉，这些想法和感觉都是正常的，而且，尽管存在这种感觉，人们仍然可以很好地完成任务。

推进暴露

在治疗过程中，治疗师会给您的孩子反馈，告诉孩子在暴露练习中，他/她的焦虑感觉会发生什么样的变化。治疗师也会把孩子在每个练习过程中的焦虑评分做成图表，并通过这些图表向孩子说明掌控焦虑和负面思维的过程。这可以让孩子明白，焦虑是如何随着每一次成功的暴露而消散的。

如果您的孩子的焦虑评分并没有平稳地下降，治疗师会和孩子进一步讨论，做暴露练习时，他/她在想什么。对尤其困难和负面的想法，治疗师会再次使用认知重建程序，认知重建将有助于提高孩子识别和改变负面思维的能力。

现场暴露的进度和协助

设定角色扮演（随后是现场暴露）的进度可以分为几类。治疗师会和您的孩子一起设定逐步暴露，这是一个比较长的过程。设定现场暴露的进度可以分为几类。对于年龄比较小的、有特殊需求的或焦虑程度特别高的孩子来说，进度可以设置得慢一些。较慢的进度让孩子有机会充分地习惯焦虑，充分学习面对焦虑情境时的计划，同时也有利于治疗师和孩子建立信任关系，让孩子不再感觉到治疗师想要强迫他/她做什么事。

在现场暴露的早期，您或治疗师可以向您的孩子示范暴露，这可以让孩子接受来自可信赖的人的支持，看到他/她的榜样是如何处理这些情境的。在榜样示范的过程中，我们必须小心地把握示范和援救之间的平衡，记住，示范是您向孩子展示如何处理这个情境，而援救则是您代替孩子完成了处理情境的任务。示范和协助必须时刻以孩子为中心，目的是让孩子自己面对情境，并自己来处理这个情境。一般来说，首先，治疗师会让孩子看自己示范如何处理这样的情境，随后，治疗师会协助孩子来处理这个情境，您的孩子和治疗师（或您）是一个团队，共同来处理这个情境。接下来，孩子会在团队成员的鼓励下尝试自己处理这个情境。最后，您的孩子会独自面对这个情境，自己鼓励自己，完成现场暴露。

家庭作业

第二次会谈后的家庭作业包括：

✎ 每天继续完成日志记录，让您的孩子记录他/她在引发焦虑的情境中会出现哪些思维。按照 STOP 程序，您的孩子得练习识别和改变他/她的负面思维。

✎ 治疗师会让您的孩子在真实生活情境中练习角色扮演（STIC 任务）。您的孩子被要求在下次会谈开始之前完成至少三次练习。例如，如果他/她的问题中有不敢给自己的同学打电话，那么，练习的任务可能就是让孩子在本周内给同学打三次电话。您的孩子还得记录自己在做这个练习前和完成练习时的焦虑评分。在这些练习中，您最好多和孩子谈谈，就像治疗师在治疗中所做的那样，谈话的重点是练习中究竟发生了什么以及焦虑的感觉发生了什么变化。对孩子每一次尝试和完成练习表示赞扬和鼓励。

✎ 本次会谈结束后的第一个上学日，按照孩子的上学时间，提前 90～120 分钟将孩子叫醒，安排孩子开始做上学日应该做的事。如果可能的话，尽量按照学校的作息来安排孩子一天的作息，尽管孩子是在家里，也应该完成相关的课堂作业，读相关的课本和阅读材料。

第三次和第四次会谈 治疗成熟期

在第二次会谈中，治疗师仍然在继续帮助您的孩子检查和改变他/她的负面思维。此外，您的孩子还练习了应对麻烦情境的角色扮演（行为暴露）。在第三次和第四次会谈一开始，治疗师会回顾孩子在完成 STIC 任务中的表现，讨论完成家庭作业时出现的困难。治疗师也可能对孩子在上次会谈之后一周内出现的困难及在 STIC 暴露练习过程中出现的任何麻烦进行角色扮演。

这两次会谈的重点是让您的孩子面对更多有挑战性的社交情境，和前面一样，也是从和治疗师一起进行角色扮演开始。为了让您的孩子更容易对负面思维进行识别和保持警惕，强化孩子应对困难情境的能力，治疗师会把角色扮演设计得稍微超出孩子能接受的难度。也就是说，这一次孩子应对的不再是一个“完美”的情境，而是要接受挑战，因为在这些情境中，结果可能并不如自己期待的那么好，他/她不得不去面对随之而来的焦虑感觉。

一周回顾

治疗师将回顾孩子在上一周进行 STIC 任务中取得的进步。治疗师会特别注意孩子任何一个回避或逃跑的征兆，以及任何不恰当的处理这些情境的方式。如果您的孩子没有完成任何所布置的任务，治疗师会让您的孩子回忆他/她当时的想法，并和孩子讨论这些想法。通过 STOP 程序，治疗师会帮助您的孩子检查是哪些“思维陷阱”阻止了孩子完成 STIC 任务。

如果您的孩子没有完成任何 STIC 任务，治疗师将帮助孩子处理他/她对这些任务的回避。孩子的负面思维阻碍了他/她面对这些恐惧，治疗师将继续帮助您的孩子挑战这些负面思维。治疗师将和孩子复习辩驳手段，您的孩子可以用辩驳手段去质疑和改变自己的负面思维。如果您的孩子已经完成了 STIC 任务，为了强化孩子对家庭作业的服从性，治疗师会检验在完成过程中取得的任何成功、遇到的任何困难及其他问题。在这个过程中，治疗师会重点关注孩子在完成 STIC 任务时的真实感受是什么，完成任务时究竟发生了什么以及孩子是如何应对这些情境的。

强化行为暴露

治疗师和您的孩子会继续把治疗重点放在练习进入引发焦虑的社交情境上。您的孩子的焦虑和回避等级表上新的更有挑战性的项目将会列入这次会谈。治疗师将开始为孩子创设更艰难的促发焦虑的情境。例如，在 Mark 的焦虑和回避等级表上，第六项是在教室前部做口头报告。治疗师发现这个情境中可能有各种负面思维：

- 如果我结结巴巴怎么办?
- 如果有人嘲笑我怎么办?
- 我可能会不知道自己在说些什么。
- 万一我一个字也说不上来呢?
- 如果我读错了一个单词怎么办? 我会觉得自己很蠢。

在行为暴露中，治疗师会要求 Mark 真的亲身完成一个口头报告，体验这个过程中出现的焦虑。让孩子完成一个不那么完美的任务，或让情况出点问题，这样做的目的是让您的孩子学习忍受不符合他/她要求的结局。毕竟，没有人可以控制别人想些什么或做些什么，也没有人可以事事都尽在把握。任何人都可能在做口头报告时出现口吃、发抖、发音错误、忘记说到哪儿了或者是“搞得一团糟”。通过练习，您的孩子会明白，大部分事情都没有那么完美，所以时不时出点状况也是正常的。

在 Mark 的行为暴露练习中，治疗师设置了以下的情境去挑战他的负面思维，给孩子提供应对的经验。

如果我结结巴巴怎么办? 如果有人嘲笑我怎么办?

要求 Mark 在治疗师和治疗助理面前做一次口头报告。在报告中，治疗师要求他故意结巴几次。每次结巴的时候，都会有某个助理笑他、把脸转过去、转动眼睛、弯下身子、和其他人交谈，或者做些其他分散注意力的事情。Mark 要做到的就是不管观众的反应而继续做报告。按照暴露方案，治疗师会帮助 Mark 用不同的方式完成这个暴露，重点关注 Mark 在这个情境下到底会有多焦虑、他的实际表现怎么样、结果能有多糟糕、还有什么其他可能的因素会影响听众的行为（如，他们是因为报告内容好笑才笑出来的，他们累了，或他们本来就不太友好等）。

我可能会不知道自己在说些什么。万一我一个字也说不上来呢？如果我读错了一个单词怎么办？我会觉得自己很蠢。

另一个练习要求 Mark 做报告的时候读一篇包含较难词汇（可能是技术词汇或科技词汇）的文章。这种暴露的目的是让 Mark 真正体会不能读出某些单词的情境。开始的时候，要求观众注意听 Mark 的报告，然而，随着反复的暴露，观众将再次开始表演分心、窃笑或其他破坏性行为。治疗师会帮助 Mark 应对和把握这种情形。

推进更具挑战性的暴露

治疗师会花相当多的时间来和孩子一起检验他/她在行为暴露练习中出现的想法和行为。许多孩子能很快理解：犯错误、出现尴尬和不舒服都是正常的，其他人出现粗鲁的行为也是正常的。这些孩子能意识到这种不舒服是短暂的，尽管他们有轻微的焦虑和尴尬，但是他们很快就能适应。然而，也有一些孩子特别要求情境一定要完美，他们很难容忍任何东西的不完美状态。他们对尴尬、被拒绝和羞辱非常焦虑，他们常有的想法就是："没有人会喜欢我，大家都不愿意跟我在一起。"

为了推进暴露治疗，治疗师要带领孩子一步一步通过情境暴露，彻底地分析孩子的思维、焦虑评分和真正的行为表现。下面介绍一个暴露的例子，这是一个女孩发起交谈的暴露过程。这个孩子报告说感到了焦虑，因为，"我不知道该说什么。她可能不喜欢我。如果我说了蠢话怎么办?”在暴露的过程中，孩子达到了所有的目标：她介绍了自己，问了三个问题，保持了眼神交流，并微笑着。然而，她的焦虑评分仍然高达6分（0～8的评分量尺），表明她一直感到很焦虑。在暴露之后，治疗师可以按照下面的方法来进行处理。

T：好，Stacy，看看你的目标，你似乎每一个都达到了。事实上，你不止问了三个问题，你问了五个。你感觉怎么样?

C：嗯，我想我应该做得不错，但是我感觉不好。

T：你做这个练习的时候，在想些什么呢?

C：我一直在想我肯定搞砸了，我想我看起来傻透了。

T：看看这些目标，哪个目标你认为被你搞砸了?你做了什么糟糕的事?

C：我不知道，我想我说得不够多。

T：但是实际上你提的问题比你希望的还要多。而且我也发现你很好地回答了对方向你提的五个问题。

C：是吗?我没有注意到。

T：关键在于，尽管你感觉很紧张，你仍然可以做得很好。你提问了，也回答了，真的完成了一次对话。你发现了吗?

C：我一直在对自己说，我做得不够好。

T：啊哈！所以，尽管已经做到了每一件你希望做到的事情，你那些负面思维还是存在。你意识到自己有哪些负面思维了吗?

C：忽略积极面。尽管我做得还不错，但是我还在告诉自己，自己很差劲。

T：对。你得把自己的注意力集中在你在做什么，而且让自己放松点。我们再来试试看。

有些孩子对自己特别挑剔，对于这样的孩子来说，观点选择（或角色转换）的方法也许比较有帮助。治疗师会弄清楚孩子在社交情境中最焦虑的事情是什么。一种典型的情境就是孩子害怕在别人面前吃东西，因为他/她害怕食物溅出来会被人看到或被嘲笑，或害怕吃东西时被提问。针对这种情况，治疗师可以从询问孩子是否注意到其他孩子的类似情况开始。

T：嗯，你担心将饮料溅到外套上，其他孩子会嘲笑你。

C：是的，那看起来多笨啊。

T：如果你看起来很笨，那又会怎么样呢？

C：大家可能会开始嘲弄我，我就会觉得很恐惧。然后我就不想再上学了。

T：我有个问题，你曾经看到其他人把饮料溅到外套上吗？

C：不知道，我猜有。

T：现在请你仔细想想，最后一次遇到这种情况时是谁把饮料溅到身上了？

C：我不记得了。

T：好，那我们来试着想想，你有没有在学校看到过某个同学呕吐呢？

C：有，很恶心。

T：嗯，呕吐真的很恶心，比饮料溅到衣服上糟糕多了，对吧？

C：是的。

T：那么你还记得谁在学校呕吐过吗？

C：我印象中最后一次是 Maggie，她那次在走廊上吐了。

T：还有其他人吗？

C：Michael 也吐过一次，那时我们读二年级。

T：好的，你曾经和 Maggie 或 Michael 一起玩吗？

C：是的。

T：为什么你会和他们一起玩？

C：因为他们都很好，他们是我的朋友。

T：但是他们两个呕吐过啊！很恶心！难道你不觉得他们现在很粗俗吗？

C：不觉得，他们是我的好朋友，他们都很好。他们呕吐又怎样呢？很多孩子都会这样。

T：是的，我猜也是。但是你为什么仍然会喜欢他们？他们呕吐比把饮料溅出来更糟糕。

C：嗯，是因为他们生病了，而且呕吐也不是什么大不了的事情，他们也没办法。他们仍然很好也很有趣啊。

T：那么，如果是你去咖啡厅，溅出一些牛奶，这样你就不有趣了，就不好了吗？难道溅出牛奶这样的事情就不是一个小事吗？

C：什么？

T：你看上去对自己特别严格，但是如果朋友们犯错，或生病呕吐或吃东西时溅出来，你却并不介意。如果那些孩子也做过那些事情，你仍然喜欢他们，那么为什么你会认为如果你做了那些事情，他们就会不再喜欢你呢？

C：哦，是的，你是对的，我觉得你是对的。

随后，治疗师可能会安排这样的暴露练习：让孩子和那些往衣服上溅过东西的人交流，并要求孩子在他们溅出更多食物或饮料时和他们继续交谈。鼓励孩子也朝自己身上溅些东西以获得在他人面前犯错的体验。这一暴露的核心在于让孩子明白不舒服感只是暂时的，大多数人的反应也都是暂时的。

家庭作业

第三次和第四次会谈后布置的家庭作业包括：

✎ 继续完成日志记录，孩子将记录他/她在焦虑情境中的想法。按照STOP程序，要求您的孩子识别并改变负面思维。

✎ 在本次会谈中，治疗师会让您的孩子在真实生活情境中进行角色扮演，要求您的孩子在下次会谈之前至少完成三次练习，并记录自己在做练习前和完成练习时的焦虑评分。在这些练习中，您最好多和孩子谈谈，就像治疗师在治疗中所做的那样，谈话的重点是练习中究竟发生了什么以及焦虑的感觉发生了什么变化。对孩子的每一次尝试和完成练习表示赞扬和鼓励。

✎ 继续执行正常的上学日的日程安排，如果可能的话，尽量按照学校的作息来安排孩子一天的作息，尽管孩子是在家里，也应该完成相关的课堂作业，阅读相关的课本和阅读材料。

第五次和第六次会谈　治疗深入期

第五次和第六次会谈的目标是帮助您的孩子在他/她的焦虑和回避等级表上获得更大的进步。通过角色扮演和新的真实生活暴露，治疗师会帮助您的孩子进入并留在那些让他/她感觉焦虑和想回避的社交和/或评价情境里。这些暴露练习的焦点是帮助您的孩子消除他/她消极的自我对话并挑战和改变他/她的负面思维。在这些治疗中，您的孩子将继续练习改变负面思维，把注意力集中在应该如何应对上。治疗师会设置角色扮演，向您的孩子示范如何进行认知重建（改变思维）。您也可能被邀请参与其中，观察治疗师怎么做，从而能够更好地训练您的孩子使用这些认知策略。您的参与程度受到几个因素的综合影响，包括您的孩子拒绝上学问题的严重程度，孩子的年龄和发育水平以及孩子的任何特殊需求。此外，如果您的孩子改变的动机不够强烈，治疗师可能会请您帮助寻找合适的奖励，以促进孩子在治疗中更加努力。

因为您的孩子是对社交和评价情境感觉焦虑而拒绝上学，所以，要想治疗获得成功，也必须让“其他人”参与到治疗中来。例如，您可以邀请孩子的小伙伴在休息日到家里做客，这样能给孩子练习与小伙伴交谈及其他相关社交技巧的机会。大部分情况下，其他孩子或成年人并不需要知道您的孩子正在练习他/她新学会的应对技巧或正在解决一些个人问题。但是，您也许可以告诉孩子的老师，孩子正在进行某项暴露练习或学习面对某个他/她必须应对的情境，例如在课堂上更多发言或是向老师寻求帮助。

如果您的孩子比较害羞和安静，那么，很有可能其他人就不太愿意主动接近他/她。因此，治疗师可能会告诉您应该和老师说些什么，从而让您的孩子在尝试某项社交行为时更容易获得进步。同样，您的孩子也需要逐渐地在校园之外进行社交和/或评价情境的暴露。如果您曾经在公共场合代表您的孩子说话，例如在餐馆或是商店，那么，治疗师会帮助您“退回一步”，训练您的孩子自己代表自己说话。存在社交或评价情境焦虑的青少年，他们的父母往往会批评他们，因为他们做不到其他同龄人能做到的那些事（比如，在餐馆点餐、接电话、自己去商场买东西）。治疗中纳入其他人及各种不同的社交情境，将成为孩子在整个治疗过程中 STIC 练习的焦点。

现实的思考

在每次会谈的一开始，治疗师都将和您的孩子讨论他/她在上一周完成 STIC 任务获得的进展。通过讨论，治疗师可以评估您的孩子在识别和改变负面思维上的能力。当您的孩子使用认知重建技术的能力获得提高后，他/她就会发展出更强的忍耐力来帮助自己接近或待在具有挑战性的社交或评价情境里。

早在 1970 年左右，流行趋势和大众心理运动曾经极力地推崇“积极思维”，认为这是可以征服负面情绪或痛苦情绪的一种方法。积极思维就是要反复地向自己重复诸如“我能”、“我很优秀”和“我是个好人”之类的思维，用以抵消负面思维的影响。然而，有研究和临床经验证明，有些人使用积极思维的方法却没能变得更好，因为积极思维的方法干扰了人们集中注意力完成一个任务。事实上，对于一个考试焦虑的孩子而言，他/她即使向自己传达“我很优秀，我能做好”这样的积极思维，也不一定能考得好，有时甚至考得更差。积极思维并没有提供给人们在某个情境下真正可用的信息或应对的方法。例如，在考试时，孩子要尽力让自己确信“我很优秀”，这样他/她需要集中注意力做这件事，从而导致无法全神贯注于考试本身。当孩子意识到他/她的考试还没完成的时候，他/她的挫折水平和生理紧张感随之而升高。这就启动了破坏性的生理感受、思维和行为模式的恶性循环，它们三个相互强化从而使得情况越来越糟糕。在孩子考试的这个例子中，“我很优秀”这一思维导致了诸如肌肉紧张或头疼之类的生理感受，影响了孩子完成考试任务，结果就是：“不，我根本没法好好地考试！”这样就进一步引发了孩子的紧张感、负面思维，导致出现不佳的考试表现。

和积极思维相反，研究证实，健康合理的思维方法是那些能很好地进行自我调节的个体的主要思维风格。这种健康合理的思维方法的特征是现实地考察情境和周围资源，从而有效应对情境。这种思维方法是以现实为基础的，关注问题解决和任务管理，并主要表现为适应性思维。基于这一点，在治疗过程中，你可以帮助孩子使用 STOP 程序或相似的认知重建技术发现孩子不理性的思维或负面思维（"S" 和 "T" 步骤）。之后孩子练习改变自己的负面思维，使之更加现实也更具适应性（"O" 步骤，包括运用辩驳问句）。角色扮演和行为暴露则可以为孩子提供验证自己思维的机会，同时，孩子还可以借此收集他/她能应对焦虑情境的证据。持续对有挑战性的情境进行暴露也能让孩子获得反驳和改变负面思维的经验。

儿童时期的试验：社交/评价暴露及重建示例

社交焦虑的儿童和青少年可能会对许多情境感到焦虑，如对他人、考试、口头报告、运动或音乐表演等感到焦虑。如果您的孩子的社交焦虑主要集中于一种情境，那么他/她可能是非广泛性社交焦虑（如，某些孩子只在他人面前讲话时经历极端的焦虑）。然而，大多数儿童和青少年会对很多社交情境都焦虑，这被称为广泛性社交焦虑。一般来讲，随着孩子进入青少年期，他们的社交焦虑是自然增加的，因此，对于那些广泛性社交焦虑的孩子来说，青春期是他们一生中更加困难和痛苦的时期。据此，本阶段的治疗目的就是进行更具挑战性的暴露，鼓励您的孩子逐步学会使用认知重建技术。每一次暴露的准备工作都是同样的：孩子设定一些具体的目标，识别他/她的负面思维或自动思维，使用辩驳问句为每个想法提供一个更为理性的思维。下面是对不同社交焦虑进行暴露和认知重建的示例。

案例一：应对考试焦虑

在针对考试焦虑的暴露中，治疗师会安排和管理您的孩子的测试和量表。治疗师可能会从孩子的老师那里要来样卷或根据孩子现在的学习内容编制试卷。暴露时需要考虑到一系列您的孩子很可能遇到的情境，比如时间限制、完成多选题和论述题、用一个“突然的”问题来替换计划好的问题等。暴露之后的典型对话如下：

T：好的，在这次考试中发生了什么？

C：10道题我只做出来8道，我知道这次考试考砸了。

T：你数学还不错啊。告诉我在这次小测验中你得了多少分？

C：80。我只得了80分。

T：如果测验只得80分，可能发生的最糟糕的事情是什么？

C：我可能无法通过这个课程，其他课程也有可能通不过。

T：现在我们一次只考虑一个科目，请你告诉我，得80分就是通不过吗？

C：不是，但是那只是B等。

T：哇，“那只是B等”，这是一种什么思维呢？

C：（朝思维列表上看了看）哦，我太消极了。好吧，我做得肯定比C等好。

T：所以，请你重新改变一下你的思维。得到B等成绩到底会怎样呢？

C：好吧，我得了B等成绩，其实那已经及格了。

T：嗯，请你告诉我，以前是否有过考试不及格的情况？

C：没有，但是我得过一次C。

T：怎样？

C：C等成绩也及格了。

T：嗯，那以前你有没有因为某次考试得C或B而没有通过某一课程的情况？

C：没有。

T：那么现在你想想，有多大的可能性你会考试不及格，然后无法通过这一课程呢？

C：嗯，有可能发生。

T：你会在考前复习？

C：是的。

T：你还为考试做了什么准备？

C：我认真完成了作业。

T：好的，那你现在再想想，告诉我有多大的可能性你会考试不及格，然后你会通不过这一课程。

C：好吧，其实可能性不大。

T：为什么？你有什么证据让你觉得不会失败？总结一下。

C：因为我认真学习也认真完成作业，所以我不太可能会不及格。

T：嗯，请你给我一个百分比，大概有多大可能会不及格。

C：好的，我想也许只有5%的可能吧。

T：那么，实际上会发生的最坏的事情是什么？

C：我会得到B等成绩，但不是不及格。

治疗师会为您的孩子反复安排模拟测验，每次测验后都根据STOP程序帮助孩子进行认知重建，核查孩子焦虑的证据，引导孩子现实地看到潜在后果。一些孩子是因为学习障碍而对考试产生焦虑，而另一些孩子则是因为曾经获得过不好的成绩而焦虑。上述治疗过程主要是帮助由于曾经有过不良成绩而焦虑的孩子处理焦虑情绪，对于学习障碍的学生来说，治疗师可以和辅导老师或特殊教育老师合作进行治疗，以确保孩子能进行适当的焦虑管理，也能获得必要的特殊教育服务。

案例二：直面羞涩

一些孩子常常很害羞、安静，他们很担心别人对自己的看法，这些孩子可能会有社交和/或评价焦虑的危险。害羞被认为是一种人格，这是被我们的文化所接纳的。然而，对于那些不敢和别人交朋友，不敢表达自己的需求或者不敢和他人接近的孩子来说，害羞却被认为是有问题的。此外，当老师忙于处理一些棘手的问题时，害羞或安静的孩子往往容易被忽略。对于极端害羞的孩子来说，在别人意识到要给予他们帮助之前，他们已经承受了巨大的焦虑。这类孩子的暴露重点并不是重塑他们的人格，您必须得记住，您的孩子不能成为一个他/她不想成为的人，您的孩子的脾气或性格不可能发生根本性的改变。但是，在治疗中对孩子的社交焦虑进行干预，您的孩子在社交情境中会变得更加放松。您的孩子将能够做到根据自己的喜好来做决定，而不会因为可能被拒绝、尴尬或不合群感到过度焦虑。下面的案例是治疗师帮助一个对他人评价感到焦虑的孩子质疑他焦虑的根据。

T：上学对你来说最困难的事情是什么？

C：我猜是其他的孩子。

T：其他孩子是怎样影响你的呢？

C：我不知道。我想他们都不喜欢我。

T：为什么这么想？其他孩子对你做过什么吗？

C：没有人和我说话，我没有朋友，在午餐或课间休息的时候没有人愿意和我坐在一起。

T：你曾试过主动和别的孩子说话吗？

C：是的。

T：最近一次这么做是什么时候？

C：我不知道……也许有一段时间了，也许是去年。

T：嗯，听起来你好像放弃了主动去跟别人聊天。

C：没用的，我害怕他们不喜欢我。我知道他们已经不喜欢我了。

T：等等，我们一起来看看到底发生了什么，也许你去年还试过主动跟别人说话，但是今年你从来就没这么尝试过，不是吗？

C：对，今年我没试过。

T：你认为可能有哪些原因导致别的孩子不跟你说话呢？

C：我已经跟你说过了，因为他们不喜欢我。他们都相互熟识，他们都是好朋友。

T：首先，请你告诉我，“他们都不喜欢我”是一种什么样的思维？

C：是读心术，或者命运预测。我知道，只是我猜测他们不喜欢我，而不是真正知道他们到底是怎么想的。

T：对！除了没人主动跟你说话外，你还有什么证据能证明他们不喜欢你？

C：嗯，的确没有。

T：那么，还有其他原因解释孩子们为什么不跟你说话吗？

C：不知道，我猜可能是因为我没有主动跟他们说话。

T：也许吧，在午餐或休息时，你一般都在哪些地方活动呢？

C：我都在教室里坐着，或者去图书馆。

T：那么，是不是可以说，你根本没有走近其他孩子？

C：嗯。

T：那么有什么证据能说明他们不喜欢你？

C：没有。

T：那可能是怎么回事？

C：嗯，也许因为我根本就没走近其他孩子，没有主动跟他们说话，所以他们不跟我说话。但是这太难了！如果我不知道该说什么，那该怎么办呢？

T：好的，我们每次处理一个问题。记住，关闭你心里的自动思维，我们每次只讨论一个思维。也许其他孩子不跟你说话是因为你不常在餐厅或休息区活动，也许是因为他们根本没机会和你说话。

C：嗯，我能明白这点。

T：然后，因为你很久没主动跟别人说话了，所以会觉得很难。如果你不常练习，试图跟别人聊天的确是很难的。但是，你也说过："如果我不知道该说什么，那该怎么办呢？"

C：是的，可能会出现令人尴尬的沉默，然后我看上去会很奇怪。

T：哦，如果其他孩子出现这种情况时，他看上去也会很笨吗？

C：什么？不会……

T：那为什么你沉默一会儿就会看起来很笨？我问问你，一次交谈应该有多少人？

C：我觉得至少两个。

T：是的，在一次两个人的交谈中，你是其中一个，那么你应该为这个交谈负多少责任？

C：一半。

T：对，你只对谈话负有50%的责任，另外一个人应该负同样多的责任。因此，如果出现沉默，那不仅仅是因为你，另外的人也有责任，对吗？

C：对。

T：那么，你能做些什么准备来开始和别人进行一次谈话呢？

C：嗯，我知道自己只需要负一半的责任，如果我没有和某人谈话，可能是有点困难，我觉得应该试试，我也会多在孩子们玩耍的地方活动。

T：很好。

害羞的孩子需要反复获得和人交谈以及身处人群中的经验，治疗师将集中力量提高孩子将自己置身于同伴中的能力，同时提升他们的沟通和社交技巧。当孩子不断获得关于社交情境及成为注意中心的信息时，他/她的不合理态度和信念也就会不断受到挑战。

案例三：克服体育课紧张感

以表演为基础的科目或活动往往会让许多孩子甚至是成人神经过敏。那些容易焦虑的孩子在面对以表演为基础的活动时可能会焦虑得更厉害，因此，他们往往会制定策略来回避这些活动，而这样处理问题并不恰当。如果您注意到您的孩子在有体育课的那天抱怨肚子疼或不舒服，或者在每年一次的表演会之前，孩子吉他的弦突然全都断了，您得注意，孩子可能存在高度的社交焦虑。那些因为以表演为基础的活动而不愿去上学的孩子往往会不惜一切代价逃避这些活动。也可能，他们会带着极大的痛苦坚持参加这些活动，但是会在第一次尝试时就从活动中中途退场。下面这个对话说明了一位因为表演焦虑而拒绝上学的青少年的主要顾虑。

C：最主要的问题是去体育馆。当大家都嘲笑我时，我根本就没法忍受，我做不了运动，做任何运动我都是最后一个才被选到，这真让人苦恼。

T：能说得更详细一点吗？我想知道体育课上有哪些人，你都做哪些活动。

C：一个班的孩子都在那里，他们都是运动健将，每个人都是。我们开始打篮球，多么可笑啊，我以前从来没打过。然后我们踢足球，因为篮球打得很差，没人愿意要我踢足球，教练就不得不给我指定一个位置。

T：哦，我们先停一下，体育课上的孩子都是运动健将吗？那意味着他们每个人都在学校的运动队？

C：不是，并不是每个人，大多数吧。

T：你班上有多少个孩子，其中有多少个在运动队？

C：有 20 个孩子，大概有 6 个在学校运动队，但是那已经很多了。

T：好的，另外 14 个孩子并没有在学校运动队，他们也都是运动健将，你是这么告诉我的吗？

C：不，我的朋友 Brian 也并不很擅长运动，但是每个人都喜欢他，他总是在我之前就被比赛队伍挑走了。

T：那么，Joey，请你告诉我，当你到体育馆时，你做了什么？当你第一次上体育课时，你做了什么？

C：我得换衣服，但是我讨厌在那些孩子们面前换衣服。所以我选择到浴室去换。

T：其他孩子在做什么呢？

C：他们在闲逛，相互打闹，等着教练。他们都相处得很好，对我来说，要回到他们中间很难。

T：能不能告诉我在其他孩子面前换衣服的情况？是什么困扰你？

C：哦，很难说。我不想被他们取笑。我没有做过推举杠铃那些健身活动，他们嘲笑那些皮包骨的孩子，也嘲笑肥胖的孩子，我不想被他们嘲笑为一个发育不全的矮子。

T：的确，如果他们是故意想伤害你，那嘲弄的确不是件开心的事。但是，嘲笑也可能仅仅只是开玩笑，朋友们之间经常这样。体育课上的那种嘲笑，到底是真正的伤害，还是只是朋友间的玩笑呢？

C：我不清楚，也许两方面都有。那些被嘲笑的孩子看起来也没事。我只是不希望自己脸红，不想情况变得更糟。

T：好的，现在我们需要来考虑几个问题。因为你没有推举过杠铃，所以你担心会跟其他人不一样。如果你被他人嘲笑，担心自己会脸红。请你问问自己，那14个孩子里有几个曾经推举过杠铃，看上去做得很完美，并且被别人嘲笑时不脸红？

C：嗯，并不是每个人都是运动健将，他们也不一定会表现得很完美。

T：那你和那些孩子之间的差别在哪里？

C：他们不介意，他们走进体育馆，在那些运动健将面前换了衣服，然后比赛时被选中。

T：然后呢？

C：我不知道，我猜也没什么。

T：这些孩子被淘汰出局了吗？姑且不管他们的体型，他们是优秀的运动员吗？

C：不是，他们也并不是运动健将。看上去他们并没有受到困扰，即使有些人不是很擅长运动，但是他们都参与了运动。

T：嗯，这些孩子很好地融入了环境。而你走进浴室，所以从一开始你就隔离了自己。当你再度出来的时候，你做了些什么呢？有没有走过去和那些孩子一起玩耍？

C：没有，我通常都是在看书，直到教练叫我去做一些活动。我努力不和任何人交流。

T：哦，为什么那样做？

C：没有人愿意跟我说话，也许他们都忘记我了，我也不想运动。

T：所以，其他孩子到最后才会想起你，是不是可能因为你总是坐在边上看书或希望尽量不被注意到？

C：是的，有可能。

T：那如果你能尽量在他们旁边多来回走动走动，是否他们可能更快邀请你参与活动？

C：当然，一切皆有可能。

T：我问问你，所有的运动你都不喜欢，是吗？

C：不是的，我喜欢打网球。我只是不喜欢篮球和足球。

T：哦，那你们在体育课上打网球吗？

C：打，但是要到春天以后，而且只有三个星期。

T：那些运动健将也很擅长网球吗？

C：不，尤其是那些大个子。

T：所以，我们是不是可以这么说，并不是每个人都擅长所有的运动？

C：是的。

T：当那些大个子在网球场上乱成一团的时候，有人嘲笑他们吗？

C：有，他们的朋友就会嘲笑他们。

T：好的。我们来总结一下：并不是每个人身体都非常强壮，但是其他孩子都能自如地参与集体活动。同时，并不是每个人都擅长所有的运动，即使是运动健将也可能被嘲笑。如果你自己只是坐在边上看书，那么你很可能就被大家忽视，而这并不是故意的，对吗？

在这个案例中，治疗师发现孩子的错误思维，帮助孩子认识到他可以做些什么。Joey 在体育课上打过网球，但是他忽略了这一事实，更多地将注意力集中于他当前的不幸遭遇上。他将自己和那些运动健将们进行比较，而不是和普通的孩子相比，这样他就感到自己和别人不同，并觉得羞愧。在 Joey 的现场暴露治疗中应该让他放下书本（书本是安全信号），走到熟识的孩子们之中。同时，处于类似场景中的孩子也可能得益于一些基本的社交技巧训练，如眼神交流训练、开始和他人交谈的训练、自信心训练等。

在这种情境中的孩子可能会从一些基本的社交技巧训练中受益，比如，保持眼神接触、发起和加入谈话以及变得更自信一些。如果孩子受到恶意的嘲笑，治疗师会教导他/她忽视那些嘲笑，也不要对嘲笑者做出回应。治疗师会和孩子做被嘲笑时的角色扮演，通过角色扮演，孩子完成被嘲笑的暴露练习。治疗师会教孩子把注意力放在自己在做的事情上，练习深呼吸（横膈膜式呼吸），避免去关注别人对自己的嘲笑，在这样的情况下，那些嘲笑孩子的人往往就会因为得不到反馈而停止这一行为。如果嘲笑孩子的人对孩子有身体上的接触或攻击，治疗师会指导孩子把这个情况报告给某个成年人，这个成年人应该是愿意听并且能管理其他孩子的人（比如，教练、主管等）。一般来说，那些被嘲笑的孩子往往会“以其人之道还治其人之身”，反过去嘲笑别人。有些孩子能成功地嘲笑对方，这样原来的嘲笑者可能会变得友好或停止嘲笑。但是也有一些孩子无法在语言上嘲笑或回击他人，如果他/她试着这么做了，可能会招来更多负面的注意。因此，我们更希望孩子不要理会其他人的挑衅。

家庭作业

第五次和第六次会谈后布置的家庭作业包括：

✎ 您的孩子在治疗期间需要完成现场暴露 STIC 任务，每次完成之后还要伴随恰当的认知重建练习。记住，按照治疗师的指导，通过 STIC 任务训练您的孩子。第四章和第五章中的对话可以作为您指导孩子的范例，通过这些对话，您要训练孩子用合理的证据检验他/她的错误信念。

✎ STIC 任务的内容应该是上学相关的情境。在第五次和第六次会谈后，您的孩子应该至少有部分时间去上学。STIC 任务应当要求您的孩子和其他的孩子及成年人交流，并从中获得进步，确保孩子能进行这些暴露。这可能也需要您提供一定的配合。如果您曾经也是一个安静的小孩，几乎从来都不邀请同伴来家里做客，那么，这可能需要暂时改变一下。安排好您的时间，这样您就能把孩子送去学校或其他有人的情境中。一个星期安排3～4 次外出社交活动看起来可能有点太多了，但是在随后的治疗中，外出的频率会降至正常的水平。

✎ 继续完成每天的日志记录。

第七次和第八次会谈 完成治疗

治疗进展到这个阶段，您的孩子会被要求每天都去上学。在最初几次，治疗师可能会和孩子一起，帮助您的孩子重返学校。当您的孩子面对真实生活中的焦虑情境时，这样的辅助暴露非常有用。STIC 任务的目标是帮助您的孩子做好准备来面对这些情境，让孩子在这些练习中锻炼管理情绪的能力。最为关键的是，STIC 任务让您的孩子逐渐做到每天都能全程待在校园里，同时需要的治疗师的帮助却越来越少。他/她应该能自己承担治疗的大部分责任，并把所学到的技巧都运用到实际生活中去。如果有必要的话，治疗师会继续使用前几次会谈中的技巧来帮助您的孩子达到这个目标。

第六章
孩子为了获得关注而拒绝上学

第一次会谈 开始治疗

如果您的孩子是为了获得关注而拒绝上学，那么他/她可能会拒绝父母和/或教师的命令，表现出完全破坏性的行为。其他行为包括黏人、拒绝移动、发怒、跑开、霸占电话，以及引发他人内疚的行为。到目前为止，您为了减少这些问题而采取的行动可能是冲突、混乱、漠视或屈服。您可能已经注意到，屈服于孩子的不当行为，从短期来看会减少压力，但是从长期来看却导致问题更加恶化。另外，您还可能注意到，您的行为是您不喜欢的方式。事实上，这些家庭冲突很可能导致您的孩子继续拒绝上学的行为。

您可能有一系列的方法来应付您的孩子的不服从和其他学校相关情境中的问题。本章会告诉您处理这些问题的不同方法。本章会教您一些技巧帮您改变孩子的不当行为，应对困难情境。首先，您将要学习到的东西可能会引起比以前更多的问题。然而，为了让您的家庭能够前进，保证每个人都努力和克服困难是非常重要的。

治疗的焦点是您自己（以及您的配偶或伴侣，如果有的话）。因此本章中的治疗和本书其他章节的治疗有很大区别。治疗的主要目标是将您的注意力从孩子的拒绝上学行为上移开，转而关注他/她的上学行为。这可能包括：

- 改变您告诉孩子要做些什么的方法。
- 设立日常作息。
- 为孩子的拒绝上学行为设置惩罚措施。
- 为孩子的上学行为设置奖励措施。

尽管治疗师会花大量时间跟您在一起，但您还是要带您的孩子来参加治疗，以便于治疗师告诉您的孩子将会发生什么。这会给您的孩子机会来对治疗计划提出问题，并且让他/她考虑您可能给他/她的惩罚或奖励。治疗师会让您明白，孩子的行为决定了您是否应该给予惩罚或奖励。

治疗师会邀请您的孩子谈谈他/她对治疗计划的想法。在一些案例中，治疗师会根据您的孩子提供的正当原因对治疗计划进行一些小修改。然而，在大多数案例中，治疗师不会允许您的孩子“协商”已经设置好的作息。通常，一个寻求注意的孩子会要求设置家庭日程安排，这是父母首先面临的问题。治疗的目标之一是改变孩子的控制、吸引注意力的行为，让父母掌握家里发生的事情。

治疗师可能会建议您讲讲您的其他孩子对治疗计划的看法，以便得到他们的支持，并向他们保证治疗期间同样不会忽视他们。当兄弟姐妹意识到一个孩子会因为坏的行为而得到额外的注意时，他们有时候也会出现不当行为。如果真的发生了这种事情，一定要密切注意并尽早处理。一个解决方法是将治疗技巧应用于所有的孩子。在治疗期间尽量跟治疗师讨论孩子出现的每一个新问题。

改变家长命令

第一步是改变您对孩子下命令的方式。在许多存在试图获得关注的孩子的家庭里，孩子为了能成功地得到自己想要的东西，往往和父母进行反复的讨价还价。治疗的目的就是要将这种谈话缩短到只有一个简单的父母命令，一个简单的孩子反应和一个简单的父母反应。

一开始，治疗师可能会让您列出 10 项您在过去一周里给孩子下的命令。您需要诚实而精确地告诉治疗师您跟孩子说了什么。包括家务事、与兄弟姐妹互动、找东西、停止某个行为或其他的您认为适当的命令。接下来，治疗师会让您列出 10 项您让孩子去学校时给出的典型命令。用下面给出的这个命令列表来创建您的列表。您可以从本书中复印这个表格，或登录本书的官方网站下载，网址为 www. oup. com/us/ttw。确保告诉您的治疗师任何可能减弱命令效果的情境或为什么以及如何给出某项命令的其他原因。

命令列表

过去一周的命令：

1. ______
2. ______
3. ______
4. ______
5. ______
6. ______
7. ______
8. ______
9. ______
10. ______

学校相关的命令：

1. ______
2. ______
3. ______
4. ______
5. ______
6. ______
7. ______
8. ______
9. ______
10. ______

治疗师会比较两个命令列表，以决定治疗的范围是应该缩小还是变大。例如，如果您的孩子除了上学之外，其他大部分情况都很听您的话，那么，治疗可以仅限于关注拒绝上学行为。如果您的孩子在大部分时间都不听您的话，那么，治疗师应该将治疗范围放宽到其他领域。

治疗师也会注意您下命令的形式。例如，他/她可能会关注您那些以提问的形式出现的命令、含糊不清的或不完整的命令、被其他人打断或执行的命令、对您的孩子来说太难的命令、或以说教的形式出现的命令。治疗师会就注意到的这些命令中的某些问题给您反馈。请对这些反馈保持开放的态度，有问题的话及时提问。

建立规律的作息

治疗师可能会要求您给出一份您家里典型的上学日早晨的详细描述。请尽量具体描述每十分钟的情况，如果有必要的话。如果早晨没有固定的作息，要向治疗师提到这点，同时也要提到任何你们遵守的其他作息规律。如果您家的作息在每周或每天都不一样，那么就详细地描述每天的情况。如果您预计您的生活规律在未来 3 到 4 周内可能会有变化（如，假期、节假日、工作班次改变、学校放假等），同样也要告诉治疗师。您可以用下面给出的表格来描述您的清晨作息。您可以复印这个表格，或登录本书的官方网站下载，网址为 www. oup. com/us/ttw。

在描述的时候，要特别注意您的孩子以下行为的时间：起床、洗脸和穿衣服、吃饭、刷牙、做其他事情如看电视、准备上学、离家上学。如果家里每个孩子做这些事情的时间都不同，那么要详细描述每一个孩子的行为和时间，但是要特别注意的是那个有拒绝上学行为的孩子。另外，让治疗师知道您自己在早晨的典型作息（同时也要列出您和您配偶作息的任何区别）。这是很重要的，尤其是当孩子趁父母一方不在时迫使另一个让他/她留在家里而不去学校。

治疗师还会问您早晨如何应对孩子的行为。尤其是要注意您如何应对孩子拒绝去学校的行为。要诚实地描述这些行为，

我们的清晨作息

我希望我的孩子做	完成这个步骤的时间 （如，早 7：00—7：20）

例如忽视、稳住您的孩子、大叫、身体接触或训斥等。很多父母会觉得很窘迫，因为他们的生活被一个 7 岁的控制型孩子所左右，但是要知道，真实地描述您和孩子之间的互动对治疗而言是很重要的。例如，如果您的孩子大发脾气，或者抓住楼梯扶手不放，您到底是怎么做的？您是否因为一些其他的重要问题而屈从于您的孩子？当您的孩子不去学校在家的时候，这一天都发生了什么？您对其他的孩子说了什么？您的情绪如何？

治疗师可能会注意到您如何对您的孩子的行为作出反应，并且给您一些反馈。记住，治疗的核心策略是奖励上学的行为并惩罚拒绝上学的行为。因此，您需要练习尽可能地不重视甚至忽视孩子的拒绝上学行为（如，过多的身体不适抱怨、紧抓着东西、发脾气），并且注意孩子的那些适当行为（如，起床、按时吃早餐）。如果您已经习惯于只在孩子表现出“坏”行为的时候关注他/她，那么开始练习将注意力转换到积极的行为上是非常重要的。

惩罚拒绝上学行为

治疗师会让您列出您曾经对孩子使用过的所有惩罚措施，例如，训斥、打屁股、关禁闭、限制权利、没收有价值的东西、罚款等。也可能您过去很少使用任何惩罚措施，除非您的孩子的行为非常严重。请务必告诉治疗师。此外，有些家长并不相信惩罚会有效。这不一定是错的，但是这可能会影响治疗，因此如果您有这样的情况，需要告诉治疗师。您可以按照下面表格提供的信息列出惩罚措施。

如果您对不同孩子采取了不同的惩罚措施也要告诉治疗师。例如，您对有拒绝上学行为的孩子的惩罚可能明显多于其他孩子。另外，您的治疗师可能会让您描述每一个惩罚是否有效，您是否还在持续使用。要确认您过去几天中所使用的每一种惩罚，以及您的孩子对此的反应。

您的治疗师可能还想知道您在过去几周或几个月期间如何使用这些惩罚。例如，您是否尝试过暂停惩罚？如果是，您是怎样操作的？您尝试暂停了多长时间？父母双方都尝试暂停惩罚了吗？在暂停使用惩罚之前，孩子是否熟知家庭中的这个规则？您是否试图关孩子禁闭？如果有，您的孩子是否离家出走了？他/她是否会破坏卧室？他/她是否说过“我不在乎”？所有使用过的惩罚措施都必须深入地讨论。治疗师可能还想知道您认为惩罚措施对孩子改变他们目前的行为有多大效果。治疗师可能会和您讨论一些新的规则和惩罚方式并期待您的反馈。请确保您的全力参与。

惩罚列表

1. __________
2. __________
3. __________
4. __________
5. __________
6. __________
7. __________
8. __________
9. __________
10. __________

奖励上学行为

治疗师可能会让您列出您最近对孩子的正确行为的奖励。例如，口头表扬、关注、和您的孩子一起玩耍或阅读、食物、玩具、金钱或减免责任等等。让治疗师了解您是否对不同的孩子有不同的奖励。与惩罚一样，治疗师会让您描述每一种奖励是否有效以及您是否还在持续使用。您可以列一个下面那样的奖励表格。

治疗师还会询问您过去如何使用奖励。例如，您为孩子建立的奖励系统是什么？您认为奖励改变孩子目前行为的效果如何？然后，治疗师会给您一些新的奖励建议。请确保您要全力参与。最后，治疗师会和您讨论您的时间以及能在治疗中使用的影响奖励和惩罚的其他资源。

奖励列表

1. ______
2. ______
3. ______
4. ______
5. ______
6. ______
7. ______
8. ______
9. ______
10. ______

家庭作业

第一次会谈结束后的家庭作业如下：

✎ 在本次会谈和下次会谈之间完成一份给每个孩子的命令

列表，把每条命令用确切的语句写下来。

✎ 在本次会谈和下次会谈之间完成家庭早晨作息时间的记录，列举所有活动及完成时间。

✎ 思考改变哪些早晨作息能促使孩子上学。

✎ 思考其他过去使用过的惩罚和奖励方法，以及在将来可能有用的新方法。

✎ 继续完成每天的日志记录（见第二章空白的工作日志）。注意任何本周中出现的特殊的情境或经历。

第二次会谈　强化治疗

本次会谈描述了治疗师如何对拒绝上学的孩子进行强化治疗。再次强调，治疗的关键是您和您的伴侣，治疗的主要目标是将关注点从孩子的拒绝上学行为转移到孩子的上学行为。这可能包括：改变您的命令、设置日常作息、惩罚拒绝上学行为以及奖励上学行为。

改变家长命令

在这次会谈的开始，治疗师可能会和您一起回顾在过去几天您曾经给孩子下的命令的列表。治疗师尤其会关注您给拒绝上学的孩子所下的命令。在下面的例子中，T 代表治疗师，F 代表孩子的父亲，M 代表孩子的母亲。

T：我看到你们昨天下达的一个命令是“将你的房间打扫干净。”能不能跟我详细说说？

F：好的，我告诉她，她应该打扫干净自己的屋子。当然，她根本没有理会。

T：您给她下达这个命令的时候，她在做什么？

F：看电视。好像我们要她做某件事的时候她总是能找到另一些事做。

T：我看到另外一个命令更急迫，是关于上学的。

M：是的，今天早上我要她不要缠着我。

T：嗯，“缠着我”是什么意思？

M：她一直跟着我，一直抱怨去上学的事情。她不想上学，求我让她待在家里。

T：您说她“一直跟着”您，那到底是什么状况呢？

M：嗯，很难描述。她过来抓住我，当我想做些事的时候（如，为孩子们准备午餐的时候），她会抱着我的腿或躺在我脚上。

此时，治疗师会着手改变父母给予孩子的一些命令的陈述方式，特别是，检查父母命令列表。请仔细听，并对治疗师的建议保持开放的态度。治疗师可能会指出命令可以以其他的方式下达从而更有效果。例如：

- 说明命令必须被执行的确切时间。在上述对话中，父母没有表达清楚任务开始的时间。如果您要下达一个命令，给出确切的时间限制，如在五分钟之内开始做家务（打扫房间或洗碗）。如果命令必须被马上执行，就像上面案例中母亲的命令那样，那么父母应该只给出 10 秒的时限。治疗师会帮助您辨别哪些命令是需要在 10 秒钟之内立即执行的，大多数让孩子上学的命令都应该如此。
- 在下达命令时明确说清楚孩子需要做什么，并尽可能简单。举例来说，“打扫你的房间”这个命令有很多不同的意思。这个命令是包括倒垃圾、吸尘、铺床和整理衣柜吗？它还有更多意思吗？因此，鼓励父母下达更为明确的命令，如，“在五分钟之内，将卧室地上的衣服捡起来，用衣架挂在衣柜里”。而对于案例中的情况来说，父母应该说“在 10 秒钟内把你的手拿开”，而不是模糊地说“不要缠着我”。
- 确保下达给孩子的命令是他们可以做到的。例如，如果一个五岁的孩子不能把衣服挂在衣橱里，那么父母就不应该让他/她做这件事。孩子也应该能完全理解命令的意思。首先从简单的只有一个步骤的命令开始。如果必要，应该让孩子重复命令内容以确保孩子对命令的真正理解。
- 下达命令时，应该确保没有其他的事情干扰孩子接受命令（如看电视、和朋友聊天）。尽管很多孩子非常狡猾，他们总是装作“没有听到”或“忘记了”，您也应该尽可能地防止这些情况。特别值得注意的是，下达命令时，应该保持和孩子的眼神交流。

- 确保下达的命令是一个命令，而不是选择或提问。在上述案例中，父亲表明孩子“应该”打扫她的房间。另外，母亲“要求”孩子“不要缠着我”。这些话语都让孩子觉得她可以选择服从或不服从。父母应该通过简短、直接的命令句式来降低这种选择的可能。
- 不要给予挖苦的批评。挖苦经常会被孩子注意到，他们也许会反过来想，即使自己遵守了命令也不会得到表扬。下达命令时，父母应尽可能地保持中立的语调。在后面我们会看到，对于一个为吸引关注而拒绝上学的孩子来说，这种中立性显得尤为重要。
- 在下达命令时，应该减少多余的话（如，说教），并确保孩子不会因为让别人为他/她执行命令（如，做饭）而受到奖励。
- 在下达命令后父母应该和孩子一起执行任务（如，和孩子一起收拾屋子里的玩具，当孩子准备上学时一起做准备工作）。
- 父母还应该对遵守命令的表现经常给予奖励，而对不遵守命令的表现坚决予以惩罚。

治疗师会和您一起逐个核对列表上的命令，如果有必要，会帮您进行修改。尽可能尝试自己来修改命令，这样您就能学会如何下达有效的命令。在这一过程中，尤其要关注早晨下达的关于上学的命令。此外，如果孩子存在反复寻求确认的问题，和治疗师讨论能否先采取方法解决这个问题。

建立规律的作息

治疗师将和您一起回顾对家里典型的上学日早晨的描述。治疗师会特别注意孩子做下列事情的时间，包括：起床、洗漱、穿衣服、吃早饭、洗脸刷牙、做其他事情如看电视、为上学做准备和离开家上学等。此外，治疗师还会和您一起回顾您在早上的典型作息时间，包括和孩子直接相关的事情。

治疗师会给您一些关于改变的建议，这些改变是很必要的，能够帮助您让早上的作息安排变得有规律，改善您对孩子行为的回应。请您对这些改变持开放的态度，并让您自己全力投入其中。例如，治疗师可能希望您能够建立更加严格的作息安排。他/她会建议您在学校上课前 90～120 分钟时把孩子从床上叫起来。即使您的孩子目前没有上学，也要按照治疗师的建议做。必须让您的孩子在醒后 10 分钟之内从床上起来。

另外，治疗师会帮助您设定清晨其他活动的时间。您的时间安排可以是灵活的，但是也要足够严格，以便为上学做出平缓的过渡。表 6.1 中的作息表可以作为您的一个粗略的指导。

表 6.1 早晨作息样本

时间	行为
6：50 A. M.	叫醒孩子（孩子必须在 7：00 之前起床）
7：00～7：20 A. M.	洗脸刷牙
7：20～7：40 A. M.	穿戴整齐，备好必需的衣物
7：40～8：00 A. M.	吃早餐，和父母讨论一天的安排
8：00～8：20 A. M.	为上学做最后准备（书籍课本、衣服等）
8：20～8：35 A. M.	和父母一起上学或乘坐校车上学
8：40 A. M.	进入学校和教室

惩罚拒绝上学行为

治疗师会回顾您过去为了教训孩子而使用的惩罚措施的列表，尤其是那些有效的措施，以及它们如何生效。同样，您也要和治疗师讨论您对每一种惩罚措施的态度。确保和治疗师讨论您认为重要的每一个新的规则或惩罚措施。治疗师还可能希望通过惩罚减少 5 个具体的拒绝上学行为。这些可以从评估收集的信息中获得，您可以对这些行为按照最严重和最轻微的等级进行排序。例如：

1. 拒绝移动（问题最严重）。
2. 攻击性/打妹妹或父母。
3. 哭。
4. 过度寻求再确认（在一个小时之内超过两次询问同样的问题）。

5. 尖叫（问题最轻）。

然后，治疗师会让您选择一种特定的惩罚措施，您可以将其应用在最轻微的两个问题行为上。这里，我们从最轻微的问题行为开始关注，这一点是很重要的。这样，您可以花较少的努力练习怎样去做，并体验到一些成功的感觉。然而，如果同时多处理几种孩子的行为也不会让您难受的话，请让治疗师知道这一点。惩罚措施也可以用在孩子不服从命令的时候。

惩罚措施应该是可行的，在早晨和放学之后使用。您的孩子需要知道，拒绝上学行为是很严重的，父母会在一天中的所有时间都关注这个，而不仅仅是早晨。对一个寻求关注的孩子的惩罚措施包括：忽视、暂停活动、在孩子出现不良行为时依然工作而不给予额外的关注、提前上床睡觉。然而，在一些案例中，还需要更强硬的或更实质性的惩罚措施。

另外，治疗师会检查在接下来的几天早晨可能出现的所有情况，并且和您一起制订计划来应对这些情况。尽管这些工作可能会占用一些时间，然而，知道如何应对各种不同的行为对您管理家庭生活却是非常重要的。如果可能的话，工作目标应慢慢接近让孩子上学这个目的。

需要注意的是，有些孩子可能会以更加糟糕的行为让父母做出让步。这是众所周知的“消退爆发”，而且对整个治疗过程来说都是危险的。如果您的孩子强迫您做出了让步，那么您以后试图再次树立权威时，他/她甚至会做出更严重的不当行为。要意识到这种可能性，而且要尽最大努力坚持贯彻您的命令和惩罚措施。要确保您清楚地知道，接下来的几天早晨，想要让您的孩子上学的话，您需要做什么。另外，要在接下来的几天里和治疗师保持有规律的联系。

奖励上学行为

治疗师会回顾您在过去对孩子良好行为所给出的奖励列表。他/她会回顾每一种奖励的效力以及对孩子的吸引程度，同时会询问您对每一种奖励的态度以及使用方法。如果您认为有重要的新奖励，也要向治疗师说明。

治疗师首先会让您为两种良好的行为选择一种奖励。试着让这种奖励以关注为基础。例如，如果您的孩子没有尖叫或者就同一个问题反复询问多次，那么，就在早晨和晚上，当您和孩子一起做事（例如，读书、玩游戏的时候），给他/她大量的口头表扬。然而，在有些案例中，需要更强更切实的奖励。

治疗师会告诉您的孩子规定的作息和适当的行为，以及惩罚和奖励措施。治疗师会提醒您的孩子，他/她的行为决定了您是给出惩罚还是奖励。在治疗师讲完之后，您在会谈中和回家后也还要再向孩子强调这一点，从而强化您掌控的角色。

家庭作业

第二次会谈之后的家庭作业设置如下：

✎ 继续对您给每一个孩子的命令做一个列表。根据第二次会谈的讨论适当地改变您的命令。如果您有配偶，每晚和他或她面对面一起讨论第二天您需要做出改变的地方。

✎ 本次会谈之后的第一个上学日，在学校上课前90～120分钟叫醒您的孩子，执行新的上学日作息安排。尽可能严格地执行这一作息。如果您的孩子在家中不去学校，那么也要让他/她完成学校的功课，读相关的课本。

✎ 将惩罚措施用于您所选择的两种行为。

✎ 如果您所选择的两种行为没有出现，就对孩子实施奖励措施。

✎ 如果有任何新的问题，要及时联系治疗师。

✎ 坚持完成每天的日志。注意一周之内出现的任何特殊的情境或经历。

第三次和第四次会谈 治疗成熟期

通过对第一次会谈和第二次会谈过程的再现，本次会谈描述了对为了获得关注而拒绝上学的孩子治疗的成熟期。因此在这个阶段的治疗中，治疗师会帮您更多地关注早晨和晚上的作息，改变孩子的拒绝上学行为。这可能包括忽视不当行为、将您的孩子送到学校以及处理孩子白天待在家里时的不当行为。理想的情况下，您已经可以看到孩子的拒绝上学行为在减少，并且您已经学会了一些重要技巧，能够帮助您解决将来可能出现的其他问题。另外，很多父母在治疗中学到的技巧在处理其他孩子的问题时也同样有用。

改变家长命令

治疗师会回顾您给孩子的命令列表。治疗师会指出这些命令中的一些问题，并给您一些建设性的反馈。要对这些反馈保持开放的态度。治疗师还会问您一些可能破坏命令有效性的非言语性手势以及父母的争执。例如，一些父母下达命令的时候没有强硬的语调或眼神接触，一些父母可能会无意或故意地屈服于孩子的行为，从而削弱他们的伴侣的命令所起的作用。治疗师希望您立即将这些问题记录下来。

治疗师会关注您最近对孩子的拒绝上学行为所给出的命令，以及早晨上学之前所给出的命令。治疗师会回顾每一条命令，并注意您没有说或没有做的一些重要事项。例如：

T：从上次会谈到今天，看起来有两天情况不错，两天不太好。能告诉我这之间有什么主要的差异吗？

M：周一和周三的时候，我和 John（孩子的父亲）看上去非常“同步”，我们一起努力让孩子们起床，然后上学，当我们谈论某事的时候还能相互支持。（对丈夫：）你不这样认为吗？

F：是的，我也这样认为。我发现其他几天这种感觉就消失了。

T：我们来讨论一下这个状况。到底是什么“消失”了？

F：那两天孩子好像有更多的拒绝行为，不去上学，他（孩子）还经常发脾气。我们开始朝他吼叫，不过没什么效果。我必须去上班，我猜想他让他妈妈很厌烦。

在这个例子中，治疗师会探究是什么导致了治疗过程被破坏。最有可能的原因包括父母之间的不一致，父母一方离开情境，孩子不当行为的逐步增加。当出现这些情况时，一般来讲，父母可能会下达更多不清晰的命令（如，你能安静一点吗？我只是希望你能去上学）。此时，治疗师应协助您识别治疗程序是如何停止的，并尽可能解决这一问题。您也可能需要改变上班时间或请求他人帮助来送孩子上学。

如果您的孩子明确地增加了不当行为以迫使您放弃您的命令，或者放弃已经建立好的作息、奖励或惩罚，那么一定要告诉治疗师。治疗师会帮助您做一些工作来解决孩子的行为问题并完成您设定的目标。例如，为了支持您的命令，当他/她发脾气或耍赖的时候，您必须亲自动手给孩子穿衣服，将他/她带到楼下。在第四次会谈时，您需要知道什么是一个好命令。如果您不确定什么是好命令，或者出现了使命令无效的情况（如，配偶很早就先离开家了），这会持续干扰您的命令，那么请告诉治疗师。

治疗师可能会强调“忽视孩子的不当行为”这一主题。很多家长会适应总是要求关注的孩子，只要孩子要求，家长就会去回应。例如，一些家长会有这样一种趋势，就是当孩子安静玩耍的时候，会让他/她单独待着（“别去打扰他/她”），而当他/她出现破坏行为时，则会立刻做出反应（“立刻给我停下”）。然而，随着年龄的增长，孩子会学到引起家长注意的最佳方式，就是不当的行为。

在那些拒绝上学的孩子中，最常用的引起注意的方法就是夸大身体上的不适。尤其是含糊地抱怨头痛、胃痛、恶心等。以寻求关注为目的的孩子很少能够确切指出或确认症状，如发烧或呕吐（尽管有些情况下是可能的）。如果您和治疗师都确定，您的孩子夸大身体症状是为了引起注意而不是真的有健康问题，那么您就需要忽视这些抱怨。然而，您首先必须排除任何可能的健康问题。

为了忽视孩子夸大的身体不适，治疗师可能会让您早上做出一些不同的行为。例如，停止与孩子的目光接触（如，当他/她抱怨的时候把脸转过去），运用暂停策略，任其发脾气或过度啰唆，去关注有良好行为的孩子，与您的配偶谈话等。要注意，不要让您的孩子造成您和您的配偶意见不一致以获得他/她想要的。在双亲家庭中，很可能会出现这种情况，即一个家长忽视孩子的不当行为而另一个家长关注这些行为。您和您的伴侣行动的一致性是非常重要的，你们在孩子面前必须行动一致达成同盟。您的孩子必须明白，任何人都不能容忍他们的不当行为，包括过度地抱怨身体不适。相反，当您的孩子没有过度地抱怨身体症状的时候，您要给孩子表扬或其他形式的奖励。

忽视您的孩子的一些行为，尤其是抱怨身体不适，是很困难的。一些家长对过度苛责自己孩子的行为感到内疚。另外一些家长则认为，他们的孩子可能的确有某些方面的问题，或者他们可能会对孩子造成长期的心理伤害。还有一些家长担心，他们的孩子会不信任他们了，不会跟他们分享个人信息。如果您感到内疚，或者对忽视孩子的不当行为有一些担心，那么要和治疗师交流。他/她会给您更多的信息，包括父母的“坚定”与“过度严厉”之间的区别。治疗师还会建议您给孩子做一个健康检查，以确保您的孩子没有真正的身体问题。忽视过度的身体不适抱怨不会给您的孩子造成心理伤害。实际上，孩子已经知道，他们的父母只会关注那些现实的和不夸大的问题，他们对父母的尊敬也会增加，因此他们将来可能会更加信赖自己的父母。如果您对不重视孩子的不当行为或过度的身体不适抱怨持有怀疑态度的话，要谨记，我们这次治疗的核心目标是将您的关注点转移到孩子更积极的行为上，同时让您更好地管理家庭生活。

建立固定的作息

治疗师会回顾您给您的家庭所建立的作息安排，讨论您所做出的改变。如果您已经在作息安排上做出了一些改变，并且执行得更好，或者您有一些改变的建议，那么应和治疗师交流。他/她会和您强调结构化的、一致性的作息，以便使您的孩子习惯每天早上所发生的事情（或者即将发生的）。同样，治疗师也会和您讨论晚上的作息。通常来讲，孩子应该在放学后固定的时间回家，完成家庭作业，吃晚饭，游戏，准备睡觉。这些活动的顺序可能有所改变，当然，这取决于您的家庭情况。另外，如果有必要的话，您和您的治疗师可能同意减少游戏时间，增加家庭作业时间。如果您的孩子已经不去上学了，您需要从老师那里获得学校的功课进展情况，并且让您的孩子在家里完成作业，可以是白天也可以是晚上。

在第四次会谈中，您需要知道是什么构成了合理的作息安排。如果您还不确定，要和治疗师讨论。另外，您还要和治疗师共同回顾之前早晚间的家庭安排，看看还有什么需要改善的地方。与治疗师讨论那些干扰了作息安排，使效果降低的情况。通常的问题包括偷懒的兄弟姐妹、缺少精力、孩子不当行为的增加、在工作和其他安排上的不断改变、发生其他更重要的事情等。对这些延缓了您的孩子晚间和周末的社交活动的问题（如童子军活动、足球课程、舞蹈课程），与治疗师共同探讨它们的优点和缺点，直到孩子能够全天到学校上课。

强制孩子上学

如果您的孩子完全不去学校或者大部分时间不在学校，那么需要开始考虑强制将他/她带到教室中。对于大部分为了引起注意而拒绝上学的孩子来说，强制他们去学校是有效的。然而，您必须小心使用。您只能在特定的情况下强制把您的孩子带到学校去，这些情况包括：

- 孩子拒绝上学仅仅是为了吸引关注，并且没有任何显著的痛苦感和焦虑感。
- 父母愿意送孩子上学，学校老师也愿意在校门口接孩子并护送孩子进入教室。
- 父母双方或父母一方及另一个成人能送孩子上学。
- 孩子能够理解如果他/她拒绝上学会有什么情况发生。
- 孩子目前每天缺席大部分课程。
- 孩子年龄小于 11 岁。

在第三次会谈中，治疗师会强调这一主题，并和您讨论这一行动该如何执行。即使在您送孩子回到学校的过程中出现了什么紧急情况，您依然要继续强制送孩子上学。在执行这一行动之前一定要深入彻底地和治疗师进行讨论。要考虑好您是否有足够的精力、能力和意愿送孩子去学校。

在第四次会谈时，如果所有的时机都已经成熟，就要开始考虑将您的孩子强制送到学校去。第一步是与治疗师讨论您对这一过程的感受。如果您觉得您愿意并且能够付出这一过程所需要的努力，那么您就去执行。然而，如果您有任何的犹豫或者内疚，那么在执行这一行动之前要和治疗师进行讨论。记住，您的犹豫会被孩子利用，而且会让将来去学校的尝试更加困难。如果您还在犹豫，那么先暂缓使用这一方法，或者在治疗师的建议下采用其他的方法。

强制孩子上学一般会出现一些和孩子的身体接触行为。在大多数案例中，这意味着让孩子上车或让他们进入教学楼。大多数孩子在学校的时候都停止了吸引关注的行为，因此强制上学经常是指父母早晨的强制行为。同样，在大多数的案例中，必要的身体强制往往也只是简单地接送孩子或把孩子拎起来。当然，我们绝不认可那些伤害孩子的粗暴行为。

一般来讲，强制行为是从早晨作息安排的结尾开始的。父母让孩子上车/校车，乘车去上学或进入教学楼。孩子可能不遵守这些命令，那么父母就要给出警告。警告必须简短而清晰（如，“现在去上学，否则我们将强制带你去”）。如果孩子服从，则给予口头表扬。如果孩子不服从，父母应该拎起孩子，让他/她上车并带他/她上学。如果必要的话，和学校老师打好招呼，请求他们给予帮助。父母双方都应参与这个过程，如果孩子在这一过程中发脾气，那么忽略他/她的这种表现。通常，父母一方开车，另一方则和孩子坐在一起防止他/她逃跑。父母应该在语气语调上保持中立或“客观”，不要给孩子太多的言语关注。

如果孩子过分焦虑或父母无法忍受该情景时，应该停止强制行为。请记住，一些意志力非常顽强的孩子十分抗拒这种方法，他们能坚持得比父母长好多天或好几个星期。停止的危险在于孩子会认识到，如果不当行为足够严重，父母（和治疗师）就会妥协。因此，强制孩子上学的方法必须在满足适当的条件之下才能执行，并要求严格贯彻。如果您认为这是一个合理的选择，那么一定要在实施之前彻底地和治疗师讨论。

惩罚拒绝上学行为

治疗师会和您谈论任何您曾经使用过或者正在使用的对孩子拒绝上学行为的惩罚措施。讨论您倾向于用哪种方式惩罚孩子，您对惩罚的感受，以及任何使惩罚效果降低的情况。另外，治疗师会回顾上一次会谈结束之后您的孩子的拒绝上学行为以及您的惩罚措施。治疗师会特别回顾您最近使用的针对两种最不严重行为的惩罚措施。

如果您发现上一次会谈以来的惩罚措施有问题或者无效，治疗师会和您讨论如何给出惩罚以及给出何种惩罚。如果您的惩罚措施对孩子的行为有一些效果，那么治疗师会让您对孩子的次级严重的拒绝上学行为进行惩罚。参考第二次会谈中您已经确立的拒绝上学行为的严重等级。与治疗师仔细检查所有的相关环节并讨论您认为接下来的几天中可能出现的重要问题。

在第四次会谈中，您需要知道哪些惩罚措施是最有效的。如果您不知道，请和治疗师讨论。而且，您还要和治疗师回顾前阶段早晨和晚上的情况，以便治疗师告诉您还有哪些地方需要改进。和治疗师讨论干扰您使用惩罚措施的详细情境（如父母之间的矛盾）。

日间规范

在这一阶段的治疗中，如果您的孩子仍然缺席大部分的学校课程，那么您和治疗师需要建立日间规范。如果您的孩子白天不去上学，那么他/她在相应的时间里，要在您的监督之下坐在椅子上。您可以在家里做这件事情，如果有必要，也可以在您工作的地方。若非绝对有必要，您应该避免对孩子口头上的和身体上的关注。另外，您给孩子的安排应该尽可能地单调乏味。在上学时间结束的时候，您应该给孩子正常的惩罚（如，关在屋子里做家庭作业）。如果拒绝上学行为在一周大多数时间里持续发生，那周末的时候就要给出适当的惩罚。如果您认为日间规范是一个合理的选择，那么要确保在使用之前和治疗师进行详细彻底的讨论。

奖励上学行为

与治疗师讨论过去或现在使用的对孩子上学行为的奖励，包括这些奖励的有效性、您对这些奖励的感受以及任何可能降低奖励效果的情境。需特别指出的是，治疗师可能会要求您回顾过去几次会谈中您所使用的改变孩子行为的奖励有效与否。如果有必要，请提出修改建议。从列表中给您的孩子的下一个适当行为选择一种奖励。

在第四次会谈中，您需要知道哪种奖励是最有效的。如果您不知道，请和治疗师讨论。而且，您还要和治疗师回顾前阶段的早晨和晚上的情况，以便治疗师告诉您还有哪些地方需要改进。和治疗师讨论干扰您使用奖励的详细情境（如您和您配偶之间的矛盾）。

家庭作业

第三次会谈和第四次会谈结束后的家庭作业如下：

✎ 如果有必要，调整给每个孩子的命令列表。

✎ 实施修改了的早晨和晚间作息制度，并坚持按作息活动。

✎ 对稍严重的拒绝上学行为实施惩罚。

✎ 如果孩子没有表现出上述的稍严重的拒绝上学行为，给予奖励。

✎ 如果有必要，根据治疗师的建议实施强制上学的方法和遵守日间规范。

✎ 继续完成日志，注意一周内出现的特殊事件或情境。

第五次和第六次会谈 治疗深入期

这两次会谈被称为治疗的深入期。这意味着您需要很努力地观察，从而发现您的家庭中目前正在发生什么，还存在哪些问题。到现在，所有的日常作息（如作息制度、惩罚和奖励、强制上学）都应该已经“步入正轨”了，并且根据您的家庭情况作了较好的调整。这时，您和治疗师应该公开地讨论还有哪些需要做的事情，并且改变那些可能阻碍治疗成功的事情。这些后续的会谈有时需要更多的创造性，您和治疗师可能需要对本书描述的技术提出创新的修正。例如，在带您的孩子去学校、离开孩子的班级、处理孩子在公共场合发脾气、对孩子去学校给出奖励等问题上，您可能都需要一些创造性。

我们前面已经讨论过的一些基本技术——命令、日常作息、惩罚和奖励——在这两次会谈中还会继续使用。另外一些方法如强制孩子去学校可能也需要进一步加强。记住，对那些进步比较慢的孩子，不断重复之前的这些治疗程序是比较合适的。

改变家长命令

治疗师会继续回顾您对孩子使用的命令。要确保您和治疗师谈论了所有干扰您清楚传达命令的事情。如果您有配偶，您还要和治疗师讨论那些干扰你们在孩子面前保持一致的事情。如果有必要，要检查可能干扰您的命令的事情（如娱乐），和/或让您的孩子重复您对他/她所说过的话。如果有必要，根据您的孩子的反馈作出调整，例如：

M：Matthew，关掉电视，准备上学了。我想要你现在穿上夹克，并收拾好书包。

C：什么？再等一分钟吧。

M：看着我。（母亲和孩子进行眼神交流）谢谢，我说什么了？

C：到这儿来？

M：听我说，马上关掉电视机。（孩子照做）谢谢，看着我。穿上夹克，马上收拾好书包。我刚才说的是什么？

C：穿上我的夹克，收拾好我的书包。

M：谢谢，你听清楚了，马上做吧。

您还应该注意到会破坏家长命令有效性的特殊情况。例如，许多为了获得关注而不上学的孩子来自于单亲家庭。因此，其中一方会缺乏另一方的支持，或者当一方在关注不上学的孩子时，没有人帮助管理其他孩子。如果有这样的情况出现，您可以请求其他人，如孩子的兄弟姐妹、前配偶或者甚至可以是学校的工作人员，来帮助您下达命令，或者将您的孩子带到学校。这种情况通常很难，您也没必要做那些让您感到不舒服的事情（如，与已经疏远的前配偶取得联系）。然而，如果能够被有效承诺的后果（如，惩罚、强制孩子上学）所支持，那么父母的命令通常是更有效的。

此外，一旦家里有其他孩子也拒绝上学，有时父母的命令就会彻底崩塌。例如，一个 7 岁的孩子如果看到他 9 岁的哥哥不上学并由此得到了父母的关注，那么他也可能开始拒绝上学。许多案例中，家里年龄最大的孩子往往都是不当行为最为严重的表现者，也是家庭最强大的反叛者。因此，在这种情况下，父母应该集中最大的力量对年龄最大的孩子进行管理，对他们建立强有力的命令系统。这样，大孩子拒绝上学行为的减少也就给弟弟妹妹塑造了一个榜样，然而，父母也不应该完全忽视年龄小的孩子的拒绝上学行为。如果您家庭中有这样的情况出现，您一定要和治疗师讨论所有可能影响治疗的相关的家庭动力（如，年幼的孩子极端崇拜和效仿年长的孩子）。

最后，如果父母一方不给孩子下达命令，命令当然不会有效果。如果来访者家庭出现类似情况，治疗师要详细查明影响治疗的家庭沟通及父母心境和态度的状况。例如，在有些案例中，家庭问题/父母问题需要先行得到解决。这些问题包括婚姻不美满、家庭冲突、滥用药物、经济压力以及其他各种压力事件。在其他一些案例中，可能还会出现父母故意破坏治疗过程或不遵守治疗程序的现象。如果您或您的家庭中有这些问题存在，一定要诚实地告诉治疗师并立即解决这些问题。

此时，您需要坚持检查您对孩子说了些什么。尤其是，您需要回顾您在一天中的不同时段所给出的命令，看看这些命令是否清晰、一致、有效。比较您早上、下午和晚上所给出的同样的命令。尤其是，您要能够并且愿意确认那些“坏”命令，并和治疗师讨论如何改变这些命令。不要放过任何破坏您的命令有效性的事情。理想的情况下，这种回顾应该发生在晚间的交流时间（和/或第二天早晨之前）。如果您有配偶，你们需要在这一艰难的过程中相互全力支持。如果您愿意，治疗师会和您讨论如何与配偶进行交流。

在治疗的这一阶段，您给孩子下达的命令要清晰而简洁。命令的字数要少，而且要以中立的态度给出。奖励和惩罚此时应该已经设置好，并且应该在孩子执行命令或者违抗命令时立即实施。例如，如果您的孩子遵从了命令，您和您的配偶应当立即奖励他们，但不能太多。您的孩子会意识到，服从会带来父母的关注，但重要的是，不要给出过多的关注，这样会淡化关注的价值。如果您的孩子没有执行命令，那就要立即给出合适的惩罚（如，活动暂停、任其彻底表现不当行为、忽视）。

这时，还应该了解孩子在学校的表现情况，比如老师如何与孩子交流或互动等。如果老师或学校其他工作人员能有效地和孩子交流，那么就不需要干预。然而，如果孩子在学校环境中也存在偏离行为，那么应尽量将老师也纳入治疗过程。当然，这一决定最终取决于父母，同时要考虑所有可能出现的问题。例如，将老师也纳入治疗可能会让家庭成员感到尴尬或损害治疗。一个折中的处理办法就是让治疗师与老师单独进行会谈（在您允许的情况下）。通过这种途径，治疗的一些基本元素可以传达到学校环境，这样可以减少孩子在学校的不当行为。例如，可以教老师下达简短清晰的命令，给您一份孩子在学校的日常报告等。然后，您可以根据这份报告给孩子实施奖励或惩罚。

建立固定的作息

与前面几次会谈一致，治疗师会继续和您一起给孩子设置早晨和晚间的作息制度。到此时为止，孩子应该对作息制度了如指掌，如果他们有些微的偏离，那么父母应立即给予惩罚。您可以询问孩子对这些作息安排的想法，但是次数要尽量少一点。如果必要，可以根据孩子的反馈做一些修改，但是不能让孩子占据主动权或讨价还价地改变作息制度。请记住父母最终应该掌控家庭的作息制度。

早晨作息

此时，孩子应该在早晨某一特定时间起床并准备上学。即使他/她目前并不上学，这个作息也需要遵守。同样，早晨的每一个任务都需要确定时间，如果孩子能坚持按作息制度行动，那么父母应该在早晨或当天晚上表扬他/她。如果孩子不能遵守，那么应给予惩罚。惩罚可以包括早晨的及时惩罚，如口头责骂，和晚上放学后的延迟惩罚，如关在房间里取消一切活动。

在早晨父母也应该忽视或不理睬孩子的负面行为。例如，如果孩子发脾气，那么父母应该尽力给他/她穿上衣服，并尽可能让他/她完成早晨的其他任务。如果这样的情况整个早晨都在发生，甚至超过了上学时间，那也没事。如果必要，在上午甚至是下午，家长都应该带孩子去学校。这种行为的关键在于让孩子明白上学是必需的，即使是学校已经开始上课了，他/她仍然需要去上学。这就需要父母双方不懈的努力，也许还需要学校老师的密切配合。

处于这一治疗阶段时，孩子应该在遵循早晨作息完成各项任务后去上学。上学可能还不是全天，或者可能只是选择部分场所（如图书馆），但是他/她必须每天都在学校待上一段时间。如果孩子在本阶段治疗开始的时候早晨表现不太好但是能去上学，那么他/她应该坚持上学。如果孩子在此时还拒绝上学，在条件适当（参见强制孩子上学部分）的情况下，可以采取强制上学的方法。

如果您的孩子早晨有身体不适抱怨的话，您可能很难说清这些症状是不是真的。如果无法分辨，您需要带孩子去医生那里检查。如果您不理睬孩子这种夸大的抱怨，那么您要注意到孩子可能表现出两种行为。第一，您的孩子可能停止或者至少减轻了他/她对身体症状的夸大的抱怨。既然如此，继续您需要做的事情。第二，您的孩子可能增加了他/她的行为，或开始抱怨更严重的症状以博得您的同情。在这种情况下，您需要设置更确定的规则。在您执行任何程序之前，确保要先和治疗师及医生进行磋商。

要求您的孩子去学校是很有用的，除非他/她真的发烧超过

38 摄氏度，或有明显的身体症状（如，呕吐、出血、严重腹泻或咳嗽、有寄生虫）而不能去学校。当然，您所面临的情况可能很特殊，需要其他不同的方法。告诉您的孩子这些规则，并且严格地执行。如果您的孩子试图验证这些规则的界限，您也不用感到惊讶。如果您的孩子真的生病了无法去学校而必须待在家中，要确保在上课时间内让他/她在床上躺着（不是简单让他/她待在卧室，而是只在床上待着）。您需要给出尽量少的言语或身体关注，而且您需要告诉孩子您希望他/她明天能去上学（如果可以的话）。如果您的孩子因为一些其他的原因（如家庭成员的葬礼等）而没有上学，那么您需要告诉他/她同样的内容并尽早让他/她去学校。

日间作息

如果此时孩子还不能上学，那么日间作息和奖励及惩罚就需要严格设置。倘若孩子仍然待在家里，而父母又不能在家监督，要让父母给孩子安排整天的作息。面对这种情况，父母应该带着孩子上班，给他/她安排最无聊的任务或者让他/她在椅子上坐一整天（杜绝别人给予言语或身体关注），或者将他/她交给朋友、亲戚或邻居监督，让他/她完成同样无聊的任务。

在其他的案例中，当孩子白天在家时，至少需要父母一方或其他成人监督。在白天的时间里，孩子不能受到言语或身体方面的关注。此外，要让他/她单独坐着，做无聊的家务或完成学校老师布置的作业。这样做的目的是让孩子无法通过不上学而获得关注，消磨他/她表现不当行为的动力并保证能完成作业。如果可能的话，哪怕只是让孩子上学一小时或两小时，都应该带孩子去学校。每个小时都要下达“去学校”的命令，同时要给出适当的去学校的奖励或不去学校的惩罚。

晚间作息

如果孩子白天都不上学而在家待着，那么晚上就不能让他/她参与任何有趣的活动。在学校放学后（大约下午 3 点），一些父母会允许孩子外出玩耍。然而，这会给孩子这样一种印象：

他/她所要做的就是等待父母让他/她出去玩耍。相反，您需要从老师那里得到孩子的家庭作业，并且让孩子晚上完成作业。适当延迟他/她的活动，诸如看电视、打游戏或参加其他社交活动。向治疗师咨询您需要做些什么。

不论孩子白天是否上学，都应该为他/她规范放学后及晚上的作息。放学后的活动、家庭作业以及稍晚一点的休闲娱乐活动安排都应该确定十分精确的时间，并且和上学行为紧密联系起来。例如，如果孩子在早晨拒绝移动达 10 分钟，即使他/她最终上学了，晚上也可以取消他/她的休闲活动，要求他/她做一些额外的作业和/或早早地让他/她上床睡觉；还可以取消孩子的晚间活动或让他/她晚上坐在楼梯上或某个角落，时间是早晨他/她拒绝上学行为时间的两倍（如早晨发脾气 20 分钟＝晚上关禁闭 40 分钟）。相反，如果孩子上学没有问题，那么父母可以给予口头关注，并花一些额外的时间和他/她相处。孩子应该清晰地认识到上学是他/她生活的一个重要部分，因此，只要他/她不上学，就要承担相应的后果，这些后果不仅仅只在那个早晨，而是全天、整个晚上以及周末他/她都要付出代价。例如，有些孩子在一周内就欠下父母一大笔时间“债”，那么这笔债就要在周末通过关禁闭或做额外的家务来偿还。

在对一个拒绝上学行为非常严重的孩子进行作息时间安排及实施惩罚时，一些家庭成员会觉得有些内疚或挫败，他们发现家庭就像是一个战场。而另外一些案例中的家庭成员可能会觉得本书描写的治疗程序过于机械化或不太适合他们家庭原有的交往模式。尽管应该给拒绝上学的孩子持续施加压力，但是家庭也需要保持凝聚力和应有的娱乐。例如，在一些很长时期都拒绝上学的案例中，家庭也许需要在周末的时候将治疗程序抛开，而仅仅在一起尽情地休闲娱乐。因为治疗师对您的情况非常了解，因此您可以向他/她咨询。

强制孩子上学

如果您已经将孩子强制带进了学校，那么继续按照第三次会谈和第四次会谈的程序进行。如果情况没有改善或者您已经开始无法容忍这种行为，那么要和治疗师进行讨论，做出一些改变或停止这一过程。然而，要记住，此时停止这一程序可能会给孩子传达一种信息，那就是他/她的极端的不当行为足以让家长屈服。这可能会毁掉将来您带孩子去学校的任何尝试。

在某些案例中，如果强制让孩子上学一整天，父母在情感上会觉得很困难；而在另外一些案例中，让孩子全天上学则是不可能的。还有一些案例中，孩子对全天上学有些焦虑，但是对一天内部分时间上学则不是那么焦虑。面对这样的案例，父母可以让孩子下午去上学，完成下午的课程。在接下来的日子里，可以慢慢地越来越早地带孩子上学（如，每天比前一天早30分钟，直到能正常地全天上学）。采取这种方法的好处在于孩子在午餐或课间休息时去上学会感到比较容易，此时他/她会和朋友们在一起，而和父母分离的过程就不会那么激烈。此外，孩子也会觉得他/她只需要在学校待不太长的时间就又可以回家了。

然而，这种方法的不利之处就是其他同学会觉得奇怪，为什么他/她会从中午开始上学，他们会问一些干扰性的问题。孩子可能需要一些技巧来应对这些情况。这些技巧包括：通过改变话题或一笑了之转移大家的注意力，作为隐私拒绝回答（如，“不关你们的事”），直接回答问题或将问题推给别人回答。

另外一种策略是在父母强制孩子进入教室之前，让他/她在学校图书馆或其他地方先待着，这就要求学校老师的配合，所以事先应跟相关老师协商好。在这些案例中，孩子可以整天都待在图书馆完成作业或帮助做一些杂事（如将书重新放回书架）。随后，孩子重新回到课堂一段时间（如，1小时），然后，时间慢慢变长。在您的孩子身上出现的任何行为问题，晚上回家之后您都要给出相应的奖励或惩罚措施。

强制孩子上学的另一个问题是学校老师可能无法或不愿意帮助父母带孩子进教室或整天都检查孩子是否在上课。在这些案例中，父母就需要去拜访老师、学校咨询师、考勤官或其他人，看看他们能在多大程度上帮忙。如果必要的话，父母需要自己带孩子进入教室，并且监督他/她。之后，父母可以逐渐减少自己在教室的监督时间，然而，请记住，父母在学校陪读正是寻求关注的孩子想要的，因此这种方法要谨慎使用，除非治疗师推荐您使用，否则不要运用这种方式。您必须相信，您能够按照治疗师设置的步骤逐渐地远离孩子的教室。然而，除非万不得已，还是不要采用这个程序。

过度寻求再确认

在许多案例中，孩子过度寻求再确认的行为是一个很明显的问题，这些行为有很多表现，包括：（1）反复询问同一个问题；（2）虽然上学，但是反复给父母打电话；（3）虽然上学，但是不断试图获得老师的关注或故意搞破坏以期被送回家。

孩子们有时会重复某些句子或反复询问关于某一主题的问题，这些主题通常包括：

- 请求在家学习或换老师、换学校、换班级。
- 提出交易建议以延迟上学行为或停止治疗（如，“如果你让我这周和你一起去上班，那么下周我就去上学”，或“如果我们不再去治疗，那么我明天就去上学”）。
- 身体不适或疲劳。
- 接送安排。
- 作业困难和作业时间安排。

如果您的孩子再三地问同一个问题，尝试下面的计划。当您的孩子问问题时，立刻回答他/她。如果您的孩子再问，平静地提醒他/她已经问过这个问题。如果他/她再问，转身走开。例如：

C：妈妈，周一你打算让我去上学吗？

M：是的，我们在治疗时讨论过这个问题了。

（大约十分钟过去了）

C：你确定周一我必须去上学吗？难道我不能从周二开始去上学吗？

M：你知道这个问题的答案。

C：如果周一我在家写作业，周二开始去上学，怎么样？

（父母不理睬孩子，当孩子开始谈论其他的话题，或继续就学校有关的话题进行更合适的讨论时，父母再来关注孩子。）

关于孩子对同一个问题提问的次数，治疗师会给您设置一个界限。对年幼的过度寻求再确认的孩子，原则上每个小时允许他/她提出一个关于学校的问题。在回答这个问题之后，忽视孩子提出的所有关于学校的问题，直到下一个小时。逐渐增加这个间隔（如，增加到2、3、4个小时）。然而，要记住，这有时需要您有极强的毅力和选择性“失聪”。

孩子也会以另外的方式表现过度寻求再确认的行为，他们会正常上学，但是会不断给在家或在工作的父母打电话以获得安慰。有时这是一个原发性问题，有时也是继发性问题，它出现在孩子重新上学以后。不管是哪种情况，它都是孩子试图获得关注的不恰当的方式，应该加以改变。在大多数案例中，应该允许孩子每天给父亲或母亲打一次电话，但是打电话只是他/她学校表现优秀的奖励。在严重一些的案例中，可以先从多一些电话开始，然后逐渐减少每天的电话次数。当然，打电话也必须取得学校工作人员的同意和配合。如果电话过多，您晚上就要实施惩罚。另外，不允许寻求再确认的孩子接近电话亭。

最后，孩子可能会上学，但是会反复寻求老师的关注，让老师送他/她到医务室或送回家，或联系父母。在另外一些案例中，孩子则会故意表现破坏性行为，试图停止上学被遣送回家。在这些案例中，治疗师要和父母、老师一起为孩子在学校里的行为建立奖惩制度。例如，可以给孩子设置一套卡片奖惩方案，孩子每破坏规则一次（包括以微小的方式干扰老师），卡片就从绿色（可接受）变成黄色（警告），再变成橙色（最后警告），最终变成红色。当孩子收到红色卡片时，他/她就会被送到校长办公室接受处分或去完成作业。对于年龄大的孩子或青少年来说，应该采取更符合他们年龄的方法（如，代币方法、关禁闭）。然而，这一方法的关键是要防止他/她离开学校，因为这只会强化不当行为。因此要和学校老师紧密合作。此外，老师每天都要给父母写报告，父母在晚上根据报告对孩子进行奖励或惩罚。

惩罚拒绝上学行为

治疗师将继续回顾您的惩罚措施，如果需要会做出适当的改变。如果合适的话，您可以从孩子那里得到惩罚是否有效的反馈，如果必要的话，根据这些反馈调整措施。与治疗师讨论日间规范和您对孩子的关注程度。如果时机合适，将惩罚措施扩展到次级严重的行为。

奖励上学行为

治疗师将继续回顾您给孩子的奖励，如果需要会做出适当的改变。如果合适的话，您可以从孩子那里得到奖励是否有效的反馈，如果必要的话，根据这些反馈调整措施。如果时机合适，将奖励扩展到未出现次级严重行为的时候。要确保您的孩子预先知晓所有的奖励和惩罚措施。

家庭作业

在第五次会谈和第六次会谈之后的家庭作业设置如下：

- 调整您给每个孩子的命令列表。
- 继续执行早晨、日间和晚上的日常作息。
- 对孩子出现的次级严重行为执行惩罚措施。
- 如果孩子没有出现次级严重行为，执行奖励。
- 继续完成日志。

第七次和第八次会谈　完成治疗

在第七次和第八次会谈中，治疗的一些关键点会开始改变。首先，因为您的家庭即将结束治疗，让治疗中的程序能够在更加自然真实的环境中发生是很重要的。例如，您的孩子应该自己上学，而不需要额外的帮助。另外，您给孩子的任何奖励应该越来越偏向于口头表扬。同样，如果有必要或者合适，您可以稍微放宽一些早晨和晚上的作息要求。然而，要很小心地执行，不要让情况过于偏离帮助孩子回到学校的治疗程序。

第二，如果孩子的拒绝上学行为完全或基本上得到解决，那么您和治疗师可能会将治疗扩展到相关的问题。例如，治疗师可能希望关注您在其他时间段（如，周末）或者其他问题行为上给孩子的命令。然而，除非您的孩子的拒绝上学行为得到彻底控制，否则您和治疗师不能把这些扩展的治疗付诸实践。

当您进行到第八次会谈时，治疗就到了最后阶段，您可以和治疗师讨论停止治疗。同样，治疗师也会给您一些建议，帮助您处理孩子近期或未来可能出现的问题行为。治疗师会给您一个列表，上面是您应该避免的问题。如果有必要，要规划长期的跟踪联系和支持性会谈（见第八章）。

改变家长命令

治疗师会继续回顾您给孩子的命令。如果孩子在去学校、理解您讲话的意思上仍然有问题，治疗师会帮助您适当改变您的命令。例如，对一些孩子来说，父母命令必须简单，每次顺从命令后必须得到奖励。检查一下您是否已经把握了优秀命令的特点，治疗师会假设一个孩子的行为，然后让您对这个行为做出反应。如果出现问题，治疗师会从之前的治疗会谈中找到合适的材料，并帮助您调整您的命令。

如果您的孩子基本上可以规律地去学校了，那么您早上的命令就没必要改变。如果您还有其他关注点，那么与治疗师讨论。例如，一些孩子慢慢会开始上学，在早晨也表现很好，因为父母非常关注这段时间他们的表现。但是，这些孩子在晚上或周末仍然会有一些不当表现，这些不当行为要立即进行解决。此外，有些孩子会开始上学，但是他们会继续表现出一些寻求父母关注的行为，如在某些情况下过度询问（如在超市）。治疗师同样会关注您在这种情况下的命令和反应。记住，如果您坚持在不同时间不同地点都采用治疗中的方法，那么孩子复发的几率会很低。最后，如果您愿意的话，治疗师的扩展治疗还能够帮助您应对其他孩子的问题行为。

在第八次会谈中，治疗师会帮助您最终确定您的命令。他/她会给您一个最有利于您的孩子的命令总结。治疗师还会告诉您，这些特定的命令如何能帮助孩子重返学校。记住命令的一些基本元素：简单、清楚、一致、无论孩子遵从与否都要立即反应。如果您愿意，您可以让治疗师给适当的命令以及需要避免的命令做个列表。

要知道，有些家庭在治疗结束之后又会回到之前的行为模式上。例如，一旦孩子回到学校，一些家长就放弃使用学到的命令技巧。一些家长会在治疗过程中“倾尽全力”，但是治疗后就放弃了。另外，一些孩子在治疗结束后反而增加了他们的拒绝上学行为，以此来考验他们的父母，并迫使父母放弃那些严格的命令。在治疗结束之后，您还需要与治疗师保持一定的联系，他/她对好命令的支持和反馈也会帮助您降低复发的几率。

建立固定的作息

治疗师还会继续帮助您完善早晨和晚间的作息制度。至此，这些作息对您的孩子来说已经是非常熟悉了，如果出现任何偏差，您都要立即予以处理。如果您的孩子还存在上学的问题，治疗师会帮助您适当地改变作息制度。例如，有些孩子对一些只包含几个步骤的作息遵从得更好。

如果孩子能基本正常地上学，那么早晨的作息应保持不变。如果其他方面还存在一些问题，那么父母可以着手解决。例如，一些孩子开始上学，但是其他方面还需要一些固定的安排，比如在学校、在家或晚上、周末。可以询问孩子他/她最愿意选择的作息情况及活动安排，在制定作息制度时考虑孩子的意愿，但在这些作息制度上，您有最终的决定权。

在第八次会谈中，治疗师会帮助您最终确定清晨和晚上的作息制度（如果您的孩子回到了学校，日间作息就没有必要了）。治疗师会给您一个总结，告诉您哪些作息对您的孩子而言是最好的。记住作息的基本要素：规则性、可预见性、违反规律后的立即反馈。如果愿意，您可以让治疗师列出正确作息以及需要避免的缺陷（如，过多受到孩子的影响、僵化、没有给出惩罚或奖励）。

记住，一些家庭会在治疗结束后恢复到原来的行为模式中。例如，一旦孩子回到学校，一些家长就松懈了对作息制度的强制执行。这种情况的出现，有时是因为父母想让孩子放松一下，或者是因为小问题的再次出现使治疗的益处受到了质疑。不幸的是，这通常会导致孩子由于不当行为（最初求助于治疗的行为）而得到更多的关注。记住，治疗的基本目标是每时每刻都要对积极的行为给予关注，对消极的行为进行忽视。您仍然需要继续牢牢遵循日常作息，继续治疗孩子的问题行为。而且，不要重视孩子过度的身体不适抱怨，当孩子拒绝上学时，您要坚持让他/她每天至少有部分时间去学校。治疗结束后，您还需要与治疗师保持联系，以预防问题的复发。

惩罚拒绝上学行为

治疗师会继续和您讨论您对拒绝上学行为的惩罚措施。至此，这些惩罚对您的孩子来说已经是完全可预期的，您需要持续执行。如果您的孩子还存在上学问题，治疗师会帮助您做出一些改变。例如，一些孩子只会对足够强硬、执行及时或者持续执行的惩罚做出反应。如果您在白天也运用惩罚，治疗师还希望知道这些惩罚的效果，并帮助您做出必要的调整。治疗师会假设一个孩子的行为，问您会如何作出反馈，给出何种惩罚或奖励。如果出现问题，治疗师会回顾之前会谈中的材料来帮助您调整这些惩罚和奖励。

如果您的孩子基本上可以规律地去学校，那么惩罚措施要照常使用。如果您有其他关注的问题，及时和治疗师讨论。例如一些孩子虽然上学但是仍然会有一些不当行为表现，此时需要给予惩罚。例如，曾经拒绝上学的孩子总会有一些相关问题，如侵犯他人、在某些环境下不服从、不完成家庭作业、尿床和/或和父母睡在一起、发脾气、在家或课堂上表现破坏性行为、争辩、叫喊等等，这些都要给予惩罚。如果孩子还存在这些行为，就应该在治疗的时候解决这些问题。如果父母能很好地掌握惩罚的方法，并能对不同的行为问题持续使用惩罚，不当行为的复发率会比较低。

通过第八次会谈，治疗师会帮助您确定您对孩子的拒绝上学行为的惩罚措施，如果有必要会帮您做出适当的调整（此时，已经不再需要白天的惩罚）。他/她会告诉您哪些惩罚措施对您的孩子是最适合的。治疗师还会告诉您哪些特定的惩罚可以帮助您的孩子重新回到学校。记住惩罚的基本要素：公正、可预见性、一致性、及时执行。如果您愿意，可以让治疗师帮您列一张表，写明哪些惩罚措施是有效的，哪些是需要避免的缺陷（如，在行为出现后很久才给出惩罚）。

要记住将来不继续使用惩罚的危险。例如，一些家长会因为内疚、羞愧、分居或冷淡而停止使用惩罚。目前在这方面存在的任何问题，现在都应该解决。另外，一些家长对一个孩子的反应前后不一致，或者对不同孩子的不同行为反应不一致。记住，一致性是您给孩子奖励或惩罚的基本要素。最后，一些家长已经养成了实施严重惩罚的习惯，以此来代替本应该采取的节制的、一致的、可预知的惩罚。一些家长会等到问题很严重的时候再实施惩罚，而对孩子的每一次不当行为都应给出惩罚措施。如果有必要，和治疗师讨论体罚的作用及其缺点。记住，体罚可能会增加孩子的攻击性。要牢记治疗师描述给您的治疗程序。

奖励上学行为

治疗师会继续和您回顾您对孩子上学行为的奖励。至此，这些奖励对您的孩子来说已经是完全可预期的和一致的。如果您的孩子还存在上学方面的问题，治疗师会帮您调整这些奖励。一些孩子会对那些足够大的、及时的、一致的奖励做出反应。如果您的孩子基本上可以规律地去学校，那这些奖励需要继续使用。如果您还有其他关心的问题，及时与治疗师讨论。例如，奖励可能会设置为在前面提到的行为不出现时使用。

在第八次会谈中，治疗师会帮助您最终确定您对孩子的上学行为所采用的奖励，如果有必要将做出适当的调整。要注意将来给出奖励时不要自满。一些家长会在孩子回到学校以后停止使用奖励。但是这通常会导致孩子行为的复发。另外，一些家长会认为孩子的上学行为是理所当然的，由于繁忙而“忘记”去认可孩子的行为，或只给出重大的但并不常见的奖励。然而，所有这些行为都会导致复发，要尽量避免。

要记住，您的孩子需要知道您在将来的治疗中的所有可能的改变。您不能对孩子因为不知道而犯的错误给出惩罚。记住，如果您需要惩罚，就不需要解释；如果您需要解释，那您就不需要惩罚。换句话说，所有规则、惩罚、奖励、不希望出现的行为，都应该已经预先向孩子解释过了，他/她也应该已经熟记于心。

家庭作业

第七次会谈和第八次会谈之后的家庭作业设置如下：

✎ 继续使用适当的命令。定期回顾治疗师给您的缺陷命令的列表。

✎ 继续实施早晨和晚间的作息制度。定期回顾治疗师提供的有关作息制度缺陷的列表。

✎ 如果可以，对最严重的拒绝上学行为及其相关行为实施惩罚和奖励。定期回顾治疗师给您的有关惩罚和奖励的缺陷的列表。

✎ 如果有必要，与治疗师保持定期的联系，以便治疗师支持、反馈、解答问题、长期跟踪，以强化治疗。

第七章 孩子为了获得校外实质利益而拒绝上学

第一次会谈 开始治疗

如果您的孩子是为了获得校外实质利益而拒绝上学，那么他/她可能会隐瞒不去学校的事情，表现出言语的或身体的侵略性，逃学，花大量时间与朋友在一起，表现出破坏性行为以离开学校。您的孩子的行为可能还包括敌意的态度、拒绝谈话、滥用药物、赌博或过多的睡眠。到目前为止，您的家庭所采取的减少这些问题的行动可能是充满冲突、贿赂和严重惩罚的，让您对将来能做些什么感到困惑。另外，您可能已经注意到，家庭冲突通常会导致您的孩子继续他/她的拒绝上学行为。

您可能已经有了一些特定的方法来应付孩子的破坏性行为和影响上学的其他问题。本章的治疗将教给您的家人一种完全不同的方法来应对这些问题。本章中，您将学到一种新的技巧来取代争吵和混乱。您的家庭也将会练习解决问题的技术。首先，您将要学习的东西可能甚至会引发出比以前更多的问题，然而，为了您家庭的进步，您家庭中的每个人都要努力并且克服这种困难。家庭成员在治疗中的合作越多，您的家庭在治疗中的进步就会越快。

治疗的焦点是您的整个家庭，但是，其中的重点是您、您的配偶或伴侣（如果有的话），以及您那个拒绝上学的孩子。治疗的主要目标是改变您的家庭解决问题、处理冲突的方式，增加对孩子上学行为的奖励，减少其不上学的利益。主要包括下面的内容：

- 确定协商解决问题的时间和地点

- 定义问题行为
- 为了解决问题，您和您的孩子需要设计书面协议
- 执行协议

治疗师可能会将治疗时间平等地分给您/您的配偶和您的孩子。治疗师会首先和您的孩子沟通。通过分别和您及您的孩子协商，治疗师还会对开始的小部分协议内容进行调整。有时，先与孩子谈话是让孩子尽快“进入”治疗程序的关键。让您的孩子知道治疗师会同样站在他/她的立场和家长的立场上考虑问题，这一点是很重要的。

协议中的关键要素是：每个人的协商都是真诚、善意的。这意味着，您和您的孩子都需要给出合理的说明，包括您愿意做什么、您是否感觉到不公平或难以实行。如果在这个过程中您感觉有任何不舒服的地方，告诉治疗师。治疗师会询问协议的每一条内容，以确保这个协议让您和您的孩子都感到满意。如果不满意的话，您和您的孩子应该说出来，并要求修改。家庭中的兄弟姐妹也要知晓治疗的过程，这样他们才知道该期望什么。很多案例显示，在治疗过程中纳入其他孩子是很有用的，因为他们不希望感觉被忽略，而且他们也可以帮助监督服从情况。

确定协商解决问题的时间和地点

在这个治疗阶段，治疗师可能会完全采取解决问题/协议过程。这样，治疗师可以观察到您和您的孩子如何设计协议，能够提供给你们详细的建议，能够设法解决问题。尤其是，治疗师会指出您的家庭中可能存在的交流方面的问题或其他行为（如，故意捣乱、拒绝参与），这些问题都可能干扰正常的问题解决过程。如果这些干扰行为微不足道，治疗师可以现在就解决它们。例如，如果一个家庭成员在表达他/她的需求上有问题，治疗师就可以给出一些建议。然而，如果这些干扰问题很严重（如，打架），治疗师可能会考虑在后面几次的治疗中讨论并解决这些问题。

尽管大部分的解决问题/协议过程最初是在治疗中出现的，

但是，您和您的孩子也需要考虑合适的时间和地点，使得您的家庭能够每天在家中讨论这些问题。在后面的治疗阶段，协议就要在家中执行了。确定时间时要考虑到：每个成员都在家、没有其他很紧急的事情、家庭成员很放松、没有直接的分心事物。找到这样一个时间并不是件容易的事情。然而，如果您希望减少家庭冲突、减少孩子不去上学的行为，确定这样一个解决问题的时间是最基础的。如果您在确定这个时间时有困难，一定要告诉治疗师，以便于他/她能够在治疗过程中帮您解决这个问题。另外一个常见的问题是，会有家庭成员不愿意参加这种家庭会议，因为他/她害怕其他家庭成员对自己"施压"。

定义问题行为

在您的家庭设计第一份协议时，治疗师会希望你们关注一个具体问题而不是您的孩子的逃学行为。尽管这看上去是违反直觉的，但这是必要的，因为您的家庭成员至少要练习一次，在一个比较简单的水平上正确地解决问题。这有利于治疗师评估你们以后治疗进度的快慢。此时不去关注孩子的逃学行为，还会适当地减轻家庭的不安和孩子的压力。

治疗师会选择你们家庭中最近出现的一个较轻微的问题。比如，不做家务、不准时睡觉、没有和家长打招呼或不完成家庭作业。治疗师会让您的家庭只选择其中一个问题。要避免那些无法解决的、长期存在的或过分复杂的问题。例如，不要关注孩子一年之前出现的纪律问题（现在还没解决）、家庭冲突（可能是长期存在的）或家庭经济问题（太复杂）。问题一定要简单。

定义好问题之后，每个家庭成员都要参与其中。不同的家庭成员可能会对同一个问题有不同的定义，不过这种分歧是很正常的。例如，您可能将问题定义为"我让他倒垃圾的时候他从来不倒"。您的孩子可能把问题定义为"我不得不整天去倒垃圾"。上面每一种定义都是模糊的，都涉及沟通问题。治疗师可能会将这个问题简单地定义为"垃圾没有被按时倒掉”。在这个表达中，没有人受到指责，而且问题也被清楚地定义了。

设计协议

正如上文提到的，治疗师应该通过分别与您和您的孩子协商，来确定第一份协议。这样，治疗师就可以进行“穿梭外交”，用他/她自己的方式在您和您的孩子之间进行调整。在问题行为被很好地定义之后，治疗师会让您的孩子尽可能描述尽量多的潜在解决办法。甚至可以包括很幽默的答案，如“雇一个女佣倒垃圾”。治疗师让您的孩子提出 5～10 个可能的解决方法，并根据结果的满意程度排序。满意程度依赖于这种解决方法是否是可行的、现实的、具体的、每个人都同意的。在您的孩子完成这个步骤之后，治疗师会让您自己也提出解决方法，并根据满意程度排序。

然后，治疗师会建议一种最佳的解决方法。您家庭中的所有人都应该真诚地参与讨论，让治疗师知道这种解决方法到底是不是可接受的。关注妥协。例如，一个好的解决方法可能是：“（孩子）仅仅在周三和周六被要求倒垃圾，但是被要求时一定要倒垃圾”。如果您和您的孩子都同意这种解决方法，那么治疗师就会进行下一个步骤。

下一个步骤是为这一协议的完成与否建立奖励与惩罚措施。在这之前，治疗师会分别与您和您的孩子交谈，关注每一个人都期望的、赞同的奖励或惩罚措施。例如：

> 如果被要求，（孩子）同意周三和周六倒垃圾。如果（孩子）完成了这一家务，那么（孩子）周六晚上可以在宵禁时间后半个小时回家。如果（孩子）没能完成家务，那么（孩子）就要比平时早 1 小时回家。

正如前面提到过的，如果合适的话，您也许希望让其他孩子也参与到协议中来。那么治疗师就需要堵住协议中可能存在的任何漏洞。例如，在这份协议中，就有必要确切地定义孩子应该在什么时候倒垃圾，什么时候回家。在堵漏洞的过程中，治疗师可能会和父母谈得更多。另外，一份完整的协议应该有时间限制——最多不超过几天时间。这样，如果问题出现，治疗师就可以很快将问题纳入进来。

执行协议

一旦第一份协议设计好了，您和您的孩子需要仔细阅读并发表意见，表示是否同意。如果不同意，治疗师会就此重新协商。如果同意这份协议，那么你们每个人都要在协议上签字，并得到一份复印件。您还需要在家里的某个地方将协议展示出来，这个地方应该是日常生活中每个人都容易看到、便于查阅而且是专有的地方。冰箱门上是一个不错的选择。此时，您应该问最后的问题。因为这是第一份协议，治疗师可能在这次会谈后的几天里继续与您联系，帮助您解决问题。同时，仔细想想您刚刚完成的事情：您和您的孩子在没有争吵的情况下达成一致来解决一个问题。如果这个协议是成功的，那么你们就有能力解决更多更困难的问题。

家庭作业

第一次会谈之后的家庭作业设置如下：

✎ 考虑将来家庭解决问题的时间和地点。

✎ 考虑下一个协议要解决的问题以及潜在的解决方法。

✎ 执行目前的协议，如果必要，与治疗师联系。

✎ 继续完成日志。注意一周中出现的任何特殊情境或经历。

第二次会谈 强化治疗

这一阶段会描述治疗师如何对一个为了获得校外实质利益而逃学的孩子进行强化治疗。正如前面所讨论过的，虽然您其他的孩子在适当的时候也会加入到治疗中，但是此时治疗的主要关注点应该是您、您的配偶和您逃学的孩子。

确定协商解决问题的时间和地点

此时，最好还是继续针对治疗阶段中的解决问题/协议过程进行工作。然而，您的家庭应该开始在家里有规律地开会，讨论目前的协议以及在下一个治疗阶段需要如何做出改变。正如前面提到的，在会谈的时间内不应该有分心事物，而且所有家庭成员都要出席。这个过程会让您的家庭试着练习讨论重要的问题，也会对治疗过程有所帮助。在接下来的治疗中，协议在家庭会议中就要确定。

目前，治疗师会让您在第二次会谈和第三次会谈之间安排一到两次家庭会议。在家庭会议中，每个人都应该坐在一起讨论协议或其他内容。起初，这可能很别扭，有些孩子可能认为这个过程是“愚蠢的”。为了减轻压力，将会议限制在 15 分钟之内。而且，要确保在整个过程中每个家庭成员都有均等的发言机会。例如，如果家庭中有 4 个成员，那么给每个成员 3 分钟的时间让他们表达想说的内容。如果有必要就严格控制时间。家庭会议的其他一些基本规则如下：

- 提前确定谁来维持家庭会议的秩序，可能和合适的话，家庭成员轮流承担这项职责。
- 尽可能地将讨论限制在协议和家庭成员的抱怨及问题上，尽量坚持简单的陈述，避免离题，避免伤害性评论。
- 允许每个人不被打断地发表意见。如果某人想对其他人作出回应，应该等到轮到自己发言的时候再说。尽量减少提问。
- 尽量不要让家庭会议被某个家庭成员主导控制，尤其是父亲或母亲。如果某人有 3 分钟发言的时间，但是只说了 1 分钟，那么每个人在余下的两分钟内要认真思考他/她的陈述。
- 鼓励家庭成员全程参与家庭会议。如果某个成员不想发表意见，也可以坐在那里，听别人的意见。
- 表扬每个参加会议的家庭成员。
- 如果会议进行得不顺利，那么可以先结束会议，并在晚些时候重新安排一次会议。会议中可能遇到的问题有：侮辱、口头争论和身体冲突。在极端的案例中，家庭成员可能无法相处，这就要告知治疗师，在治疗会谈中讨论这些问题。

- 如果家庭会议进行顺利，成员讨论很成功，那么就可以继续。然而，如果某个成员认为会议不顺利，则可以重新安排会议。有一种例外是某个家庭成员可能故意破坏家庭会议。在这种情况下，尽可能地容忍或接纳这个故意破坏的人，但是必要的话也可以让他/她离开。治疗师应该意识到这种破坏并尽可能解决这个问题。一个基本的原则就是，尽量减少这类破坏性成员离开事件的发生率。
- 如果家庭成员有问题，可以在会议中联系治疗师。

定义问题行为

治疗师会和您讨论您家庭的第一个协议是否成功。如果您有任何问题，治疗师都会和您探究原因。诚实地告诉治疗师您认为协议为什么没有成功。甚至要讨论一些比较敏感的话题，如家庭成员之间的争执、缺乏动机或故意破坏。治疗师会花大量的时间和您讨论这些问题，并且可能希望您能够再次执行协议。切记：有些案例的确需要花费更长的时间解决一个问题，因此，在解决更复杂的问题前，可能即使是完成简单的协议也需要更多的练习。

如果第一份协议是成功的，那么治疗师会希望开始建立第二份协议。第二份协议可以加入一些更加复杂的问题，但仍不涉及孩子的逃学行为，或只局限于逃学行为的某个方面。一个孩子的逃学行为越严重，治疗师就越有可能建议您重复第一个步骤。这样，在处理逃学行为之前，您的家庭将有另一个机会来实践解决问题的方法。

如果治疗师认为进入下一个阶段的时机已经成熟，那么您的下一份协议就可以加入一些关于上学行为的内容（如，早晨的准备）。另外，您应该与治疗师讨论可以加入协议的一些其他行为。将做家务加入协议是个不错的主意，因为后面的协议可能包括给孩子支付做家务的报酬，如果他们去上学的话。然而，您和治疗师同时还要讨论您和您的家庭可能会关注的家务、行为或问题。再次强调，要避免那些无法解决的、长期存在的或过于复杂的问题。

您、您的孩子、治疗师会一起定义新协议的每一个部分，并达成妥协。例如，协议可以扩展到：（1）前一次协议中的"倒垃圾"的家务；（2）早晨上学的准备；（3）遵守宵禁规定（假定后面两条目前尚未进行）。分别对每部分进行定义。例如，"早晨上学的准备"应该包括在早晨的某个特定时间穿衣服和吃饭，"遵守宵禁规定"应该包括晚上在某个特定时间回家。确切的时间应该是每个定义的必要部分。

设计协议

与以往一样，治疗师会分别与您和您的孩子协商新协议。您和孩子都应该尽可能多地提出解决问题的办法，同样，在协商的过程中要重点关注那些现实的、可行的、确切的以及双方都比较愿意采用的办法，最终选取最合适的问题解决办法。例如，对于早晨上学准备问题而言，较好的解决方法就是规定孩子完成不同活动（如穿衣服和吃饭）的时间。对于遵守宵禁规定问题来说，最好的解决方法可能就是选择孩子和父母都能接受的回家时间。

如果每个家庭成员都同意这个定义，那么治疗师会帮助您确定完成或未完成这个协议会得到的奖励和惩罚。与前面一样，关注那些最合适的、每个人都同意的奖励或惩罚。另外，治疗师还会帮您堵上这个协议中的任何漏洞，并确定协议的时限。您还应该在协议中加入一项声明，即您的家庭愿意完成治疗过程。图 7.1 给出了一份简单协议的样本。下面还提供了一个空白的协议表格。您可以复印这个表格或从本书的官方网站下载，网址是：www.oup.com/us/ttw。

协议样本

权利	义务
概要	
为了降低家庭冲突和消除拒绝上学行为，所有的家庭成员同意	尽可能努力地遵守本协议，并投入参与治疗。
细节	
为了在周末晚上获得晚于宵禁时间半小时回家的权利，（孩子）同意	如果被要求，在周三和周六倒垃圾。
如果（孩子）没有完成上述义务，	他/她应该比平时早一个小时回家。
为了获得在房间里保留收音机和电视机的权利，（孩子）同意	早晨 7：00 起床，7：40 穿好衣服、吃完饭，8：00 洗漱完毕，8：20 完成所有上学准备。
如果（孩子）没有完成上述义务，	他/她将不能在房间里留有收音机和电视机，并取消一天的活动。
为了获得在房间里保留游戏机的权利，（孩子）同意	遵守宵禁规定，上学日晚上 9：00 前回家，周末晚上 11：00 前回家。
如果（孩子）没有完成上述义务，	他/她将失去游戏机，并取消一天的活动。

（孩子）和父母均同意上述协议的所有条款，每天都阅读并执行本协议。

（孩子）和父母签名：

____

________________ 日期：________________

图 7.1 协议样本

协议

权利	义务
概要	
细节	

（孩子）和父母均同意上述协议中的所有条款，每天都阅读并执行本协议。

（孩子）和父母签名

____

____________________ 日期：____________________

执行协议

记住，这个新的协议只有在您的家庭成功地完成了第一个协议之后才能执行，这时您的家庭已经能和平共处，您已经能理智地指导您的家庭处理协议的所有部分了。如果您的家庭在某些方面存在困难的话（如第一个协议没有成功），那么治疗师会把进程适当放慢，并设计一个更简单的协议，或者要求您重新执行第一个协议。对于中度到重度拒绝上学行为的案例来说，这个协议也许是合适的，因为此时并不是强求孩子真正去上学。在许多这种情况的案例中，逐步增加上学行为比立刻强迫孩子上学有效得多。对轻微的不上学行为的个案，如您的孩子可能只在部分时间（如，特定的课程）缺席学校活动，那么，建立一个新的协议或更复杂的协议也许是合适的。

一旦协议设计好了，每个家庭成员都要仔细阅读，并声明他们是否同意。如果不同意，那么需要对协议进行调整。如果同意，那么每个人都应该签名并得到一份复印件。每个人都应该在此时提出最后的问题。记住，如果这个过程中出现任何问题，或者如果家庭成员希望能够讨论与协议或家庭相关的重要问题，您都要和治疗师联系。当孩子同意协议的时候，很容易出现一个普遍的问题：由于他/她感觉到执行协议有压力，或者由于他/她充满挫折感，所以希望尽快退出治疗过程。对治疗师而言，最好在当天晚上或第二天与孩子沟通，以确定孩子是否希望对协议做出任何改变，或者给他/她解答任何他/她想知道的关于治疗过程的问题。

家庭作业

第二次会谈之后的家庭作业设置如下：

✎ 确定家庭会议的时间和地点，在本次会谈和下次会谈之间，家庭成员应安排一到两次这种非正式的会议，坚持本书提出的会议原则，如果治疗师希望并且家庭成员都同意的话，为治疗师记录谈话内容。

✎ 考虑下一个协议要解决的问题和潜在的解决方法。
✎ 执行目前的协议，如果必要的话和治疗师联系。
✎ 继续完成日志，注意一周中出现的特殊情境或经历。

第三次和第四次会谈 治疗成熟期

在治疗成熟期，您和您的孩子可能会再次回顾第一次会谈和第二次会谈的过程。另外，您可能会学习沟通技巧、拒绝同伴技巧、二选一的协议观念以及当您的孩子继续缺课的时候您应该怎么办。在治疗的这个阶段，协议应该关注更加特定的拒绝上学行为。如果孩子现在还是不去学校或仍然在家发脾气或有其他的问题，那么您白天可能还要处理孩子的这些事情。在做这些的时候，您应该开始关注孩子的拒绝上学行为的治疗效果，并学习一些可以在将来应对其他问题的重要技巧。家长学习的很多技巧在处理其他孩子的问题时同样适用。

确定协商解决问题的时间和地点

您的家庭应该继续常规的家庭会议来讨论目前的协议以及在下一个治疗阶段需要做出哪些改变。此时，你们需要每周召开两次会议。治疗师会向您询问这些非正式的讨论的细节。他/她感兴趣的是，会议是否按照计划召开，会议期间的各种讨论、冲突、一致和不一致的观点、赞扬和侮辱，特定家庭成员的沉默以及需要改进的部分。如果你们有很多的问题，治疗师可能会听会议的录音，让您改变或停止会议和/或设置更深入的家庭治疗程序。如果治疗取得了一定的进步，您的家庭需要每周继续这些会议。到第四次会谈时，您的家人应该练习彼此之间的协商，就像你们在治疗会谈中一样。这些都会加强解决问题和沟通的技巧训练。

沟通技巧训练

在沟通技巧训练中，治疗师会让家庭成员学习不含有言语侮辱、敌意、消极思维、打断、不考虑他人话语的谈话。在治疗的这个阶段，如果您的家庭成员的频繁争论或者错误表达干扰了协议的过程，治疗师会教给你们这些技巧。

沟通技巧训练常常是这样的：先让某个家庭成员说一句话或提一个问题，让另外的家庭成员安静地倾听。在第一个家庭成员发言后，要求第二个成员重复或解释第一个人说了什么，以确保信息被正确地倾听和理解。例如：

孩子： 我觉得我不能和朋友们在一起做任何事。

父亲： 听起来你想跟朋友们有更多时间在一起。

在第一个步骤中，治疗师会关注沟通中的基本问题。这些问题可能包括打断、错误的理解、拒绝执行任务、沉默、敌意的言语（如侮辱）。如果出现其中某个问题，治疗师会尽快停止谈话，给出反馈，要求你们再试一次。

在这一过程中，家庭成员只需要专注地给出简短、清晰的信息，倾听和正确地领会。在治疗过程中、在以后的家庭谈话和会议中，您的家庭都可以练习这一过程。如果可能的话，给讨论中出现的问题列一张清单。

定义问题行为

治疗师会回顾你们之前执行的协议成功与否。如果协议失败了，他/她会和您讨论为什么会如此。确保提到家庭中的任何争吵、动机问题或其他阻碍协议成功的因素。治疗师会花时间处理这些问题，如果可能的话会让你们再次执行协议。

如果前面的协议是成功的，您的家庭是值得骄傲的。记住，任何问题都能够平和地、有效地被解决。针对你们的情况，下一步的协议可以将一些更复杂然而与拒绝上学行为无关的问题，或者是对拒绝上学行为的介绍作为一个关键部分。您的孩子的拒绝上学行为或您家庭的冲突越严重，治疗师就越可能采取第一种方式。

如果您的家庭有稳步的进展，那么，下一个协议可以更多地关注于孩子的上学行为。最好的方法是将家务劳动、钱和上学联系起来。这必须很小心地执行，它取决于您是否允许、您家庭的经济情况、这些额外的工作和奖励是否能被您和您的孩子接受。治疗师会帮助您的家庭建立一个合适的家务及行为的列表，然后利用这个列表设置新协议的情境。如果您反对使用家务或金钱，那么您需要与治疗师探索出其他的奖励和惩罚措施。

在第四次会谈中，治疗师会回顾这个协议的成功或失败。因为这个协议是你们第一次涉及专门处理上学行为，因此，治疗师会详细地讨论任何可能影响治疗成功的问题。很多孩子开始时遵守协议，而一旦协议涉及要求他们上学的内容，他们就不再遵守了。此时，很多孩子会说一回事、做另一回事。例如，很多孩子在治疗的时候同意去学校，但是第二天又会缺席，这种情况并不少见。在这个例子中，治疗师会去寻求治疗失败的原因。

拒绝同伴技巧训练

协议失败的一个很普遍的原因来自逃学同伴的压力。您的孩子可能完全愿意去学校，但是，一旦他/她到了学校，其他人又会诱惑或刺激他/她再次逃学。治疗师发现，让您的孩子学会拒绝同伴技巧能够帮助他/她有效地抵抗这些压力。拒绝同伴技巧训练可以和沟通技巧训练很好地契合在一起，因为治疗师关注的都是用更有建设性的方法与他人谈话。开始时，治疗师会让您的孩子描述他/她的同伴说了什么、如何让他/她一起逃学。例如（T代表治疗师，C代表孩子）：

T：好的，Justin，你刚才说你想要去上学，但是你的朋友昨天下午迫使你逃课？

C：是的。他们在走廊找到我，让我跟着他们，和他们一起在午餐时间离开学校。然后，我们就在外面游荡，没上下午的课程。

T：你的朋友让你逃课时对你说了些什么？

C：我不知道，他们只是戏弄我。他们一直说我们一起去玩，然后再回来学习。他们说只是午餐时间出去玩，但是最后就是整个下午都没回学校。

接下来，治疗师会和您的孩子设计一些句子，让您的孩子坚决但是适当地拒绝逃学的要求。治疗师会考虑到您的孩子的社交拒绝恐惧，并且会给出一些建议性反应，让您的孩子知道他/她不会丢面子。让孩子将上学说成是父母或治疗师的要求，可以使得他们免于被同伴责怪（仅仅只是暂时的），这种方法对孩子来说有帮助。此外，孩子还可以跟同伴说他/她对某一课程感兴趣、想做尚未完成的作业、想获得上学带来的奖励、或不是很想缺课等来拒绝同伴的诱惑。在治疗的这个阶段，治疗师会发现，列出面对同伴压力的建议性反应是很有用的，并且如果有需要，可以让孩子在学校尝试这些方法。例如：

T：好，Justin，刚才我们讨论了一些方法可以帮助你避免陷入同伴诱惑的困境中。我们也可以考虑改变午餐的时间，比如早一点去吃午餐，这样看见他们的机会就少一点。但是我们还得考虑一下极端的情况，假如你的朋友们整天跟着你，一定要迫使你逃课，你会怎么跟他们说呢？

C：我不知道怎么说。也许说我不想逃课或不能逃课？

T：嗯，你可以那么说，但是并没有给出确切的原因。我担心如果你说“我不想逃课”，他们会认为你还在考虑逃课的事情，所以可能会继续给你施加压力。你觉得你告诉他们一些确切的原因，如你父母的关心或要完成作业，怎么样？

C：我想我可以说我爸妈真的非常关心我上学的事情，我不能逃课。或者我可以说我要完成科学课的作业，因为快要交了。或者我还可以说“下次吧”，然后就走开。

T：很好！我们来练习一下，这样你碰到要你逃课的同学就能应付自如了。我们一起来看看在接下来的几天内会出现什么情况，我会打电话来询问的。

如果同伴压力是干扰孩子遵守上学行为协议的主要因素，那么拒绝同伴技巧训练可能会有很大的帮助。另外，这些技巧也可以帮助孩子拒绝同伴提供的毒品，这一问题同样和缺课有关联。然而，如果协议的失败是因为您的孩子在治疗时对您或治疗师只是“口头应承”，那么拒绝同伴技巧可能不会起作用，也许你们要换一种更强效的治疗方法。

设计协议

和前面一样，治疗师会关注让协议被每个人所接受而进行的协商、妥协和确认。另外，他/她会强调清晰的解决方案、有效的奖励和惩罚方法、防止协议漏洞、设置协议时限。这个新协议应该密切参照前面的协议，但是会做一些必要的改变。另外，治疗师会将沟通技巧训练与协议过程联系起来。例如，他/她可能会让您的家人在一起共同建立协议，并练习倾听和解释。图 7.2 是前面提到过的一个协议的样本（见“定义问题行为”）。记住，这一阶段不必追求全天上学。有时，只是让孩子每天去上一些喜欢的课程可能是一个良好的开始。

协议样本

权利	义务
概要	
为了降低家庭冲突和消除拒绝上学行为，所有的家庭成员同意	尽可能努力地遵守本协议，并投入参与治疗。
细节	
为了在本次会谈和下次会谈间获得完成家务的奖励，（孩子）同意	本次会谈和下次会谈间全部时间都上学。
如果（孩子）没有完成上述义务，	他/她应该完成相应的家务而不能获得奖励。
为了获得在房间里保留收音机和电视机的权利，（孩子）同意	早晨 7：00 起床，7：40 穿好衣服、吃完饭，8：00 洗漱完毕，8：20 完成所有上学准备。
如果（孩子）没有完成上述义务，	他/她将不能在房间里留有收音机和电视机，并取消一天的活动。
为了获得 5 美元的酬劳，（孩子）同意	在本次会谈和下次会谈期间，给卧室吸尘，并清洗浴室。
如果（孩子）没有完成上述义务，或任务完成得不彻底（由父母决定是否彻底），	他/她将不会得到酬劳。

（孩子）和父母均同意上述协议的所有条款，每天都阅读并执行本协议。

（孩子）和父母签名

____

________________ 日期：________________

图 7.2 协议样本

如果您的家庭不愿意使用金钱作为完成家务和上学的奖励，那么要另外选择合适的方法。常见的方法包括：延长宵禁时间、增加和朋友相处的时间、减少家务要求、独自吃饭或和朋友一起吃饭、购物、玩电脑游戏和看电影、开车上学以及某种特定的食物等。

执行协议

只有当您的家庭做得很好时，这份协议才是合适的。如果您的家庭还在为这份协议纠缠，那么治疗师会重复第一次和第二次会谈的过程。这份协议的期限应该是短暂的，下一次治疗会谈应该在 3 到 5 天内就进行。这会给您家庭一些时间来完成协议，并且治疗师可以发现是否出现了问题。在很多案例中，第一份专门处理拒绝上学行为的协议通常是最难执行成功的。因此，应确保依靠治疗师的支持和反馈。如果您愿意，之前协议中的一部分（如宵禁令）仍然可以加入到新协议中。

监督孩子上学

尽管有这份协议，但您的孩子可能仍然不能完成他/她自己该做的部分。很多孩子都同意去学校，但是即使没有同伴压力，还是会用各种办法逃学。结果，合适的奖励从来没有实现过，孩子继续追求学校外的不适当的利益。

如果您的情况就是这样，那么您有必要一整天都将您的孩子从一个教室送到另一个教室。学校的工作人员通常都不能整天监督您的孩子，所以您（或您的配偶或您信任的其他成年人）可能就需要承担起这个工作。这需要一个人付出巨大的努力和时间。然而，这个过程通常是有效的，因为它可以确保上学行为并让孩子赢得适当的奖励。另外，潜在的社交尴尬有时也足以促进上学。在治疗的这个步骤中，如果接下来关于少量的上学行为的协议无法完成，治疗师会建议您将这一过程作为家庭中的一个可选项目来考虑。然而，如果您迫切希望孩子回到学校，那么您可以开始使用这个监督程序。确保在使用之前与治疗师仔细讨论这个过程。

家庭作业

第三次会谈和第四次会谈之后的家庭作业设置如下：

✎ 在这个和下一个治疗阶段之间，继续每周一到两次的非正式家庭会议。讨论目前协议中的每个部分，找出仍然存在的问题以及更有效的方式。还要讨论家庭成员如何沟通以及需要做出何种改变。如果有必要，记录下整个谈话过程给治疗师。如果合适的话，练习沟通技巧。

✎ 考虑下一个协议要解决的问题和潜在的解决方法。

✎ 执行目前的协议，如果必要，和治疗师取得联系。

✎ 如果合适的话，开始使用拒绝同伴技巧和监督孩子上学的方法。

✎ 继续完成日志，注意一周中出现的特殊情境或事件。

第五次和第六次会谈 治疗深入期

在第五次会谈和第六次会谈的治疗中，应该进行深入的治疗。此时，建立协议的基本要素——定义问题并协商解决——仍然是这一阶段的关注点。然而，其他程序，诸如沟通技巧训练、拒绝同伴技巧训练，也仍然要继续扩大。记住，对于那些进步很慢的孩子，重复前面的过程是很有必要的。您应该密切关注家里发生了什么，还有哪些事情该做。到现在，所有的日常治疗程序（如家庭会议、协议、拒绝技巧）都应该已经“步入正轨”，并很好地适应了您的家庭状况。此时，您和治疗师应该公开地讨论还有哪些事情需要做、需要改变，哪些情况会阻碍治疗的成功。另外，这些后期的治疗有时需要更多的创造性，您和治疗师需要为这里描述的各种技巧尝试创新性的修改。例如，您可能需要对协议的某些部分发挥创造力，用于增加或强化家庭沟通，或者帮助孩子拒绝那些逃学的要求。

确定协商解决问题的时间和地点

治疗师会回顾你们的家庭会议。特别是，他/她会帮您探索您的家庭如何协商问题的解决方案，如果有必要，治疗师会分析会议的录音。治疗师还会检查家庭成员是否能够倾听其他人的谈话并对每个人的信息作出正确的复述或解释。治疗师还会检查你们是否有打断、不正确的理解、侮辱、沉默或其他的行为。如果您列出了沟通中的问题清单，那么与治疗师讨论这些问题。如果您的家庭在沟通技巧训练的第一步中就存在问题，那么治疗师会继续帮助你们建立倾听和解释技巧。记住，如果您的家庭在沟通中存在极端问题，那么你们可能需要更多的家庭治疗和对其他问题的探讨，以此来补充这里描述的各种方法。

高级沟通技巧训练

技巧

如果您的家庭在过去的几天或几次会谈中在倾听和解释阶段做得很好，那么你们现在可以进行沟通技巧训练的下一个步骤了。这可能包括没有敌意的交谈。开始时，治疗师会告诉您一些特定的规则，以及关于在谈话中应该避免什么。他/她还会鼓励家庭成员避免骂人、侮辱、讽刺、不适当的提议、尖叫或其他行为。如果不存在这些问题，那么治疗师会加入一些不太严重的问题（如缺乏眼神交流、发音不清晰）。

家庭成员之间的谈话开始应该是简短的，只在两个家庭成员间进行，由治疗师严密监控。他/她会采用角色扮演或反馈的程序，并向每个家庭成员进行说明。这个过程可能从其中一个家庭成员和治疗师在整个家庭面前的谈话开始。在下面的例子中，治疗师会扮演成父亲，和他十几岁的儿子谈话。如果两个家庭成员都有严重的沟通问题或者很久没有沟通过的话，这一技巧是尤其可取的。这样做的目的是让当事人（本案例中是父亲）和其他家庭成员模拟适当的谈话。

C：我不理解为什么我必须去上学。我已经 16 岁了，但是每个人都把我当小孩子看待。

T：（扮演父亲，直接看着孩子）看起来你有些生气。

C：是的，我是有些生气。大家为什么不能让我自己来决定做什么？

T：你能更详细一点说说吗？我不太确定你指的是什么。

C：我想更多地和朋友们在一起。如果我想外出，我应该能随意出去。

T：好的，听起来你是觉得自己被限制了自由，你觉得和朋友们待在一起的时间不够，是这样吗？

C：是的。为什么我做完在家应该做的事情后不能随意地外出呢？

在这个简短的角色扮演之后，治疗师会指出每个人应有的适当行为：平静的语气、避免打断、认同对方的观点、正确的解释、避免侮辱或其他贬损性的评论。在这一示例中，治疗师/父亲从儿子那里收集到了信息，这一过程没有评判，也没有防御。通过这种方式，问题（如，和朋友相处的时间）就能得到清晰的识别和准确的定义，同时，负面情绪也能恰当地得以释放。

在这个角色扮演的过程中，确保提出任何您存在的问题。治疗师会和您的孩子练习一对一的交谈，并强化一些重点（如，倾听）。然后，两个家庭成员（如父亲和儿子）可能会被要求进行直接的、简短的对话。治疗师会密切监督这个谈话过程，如果出现问题会及时打断并给出反馈。例如：

C：嗯，就像前面我说的那样，我总是跟你们为外出的问题争吵，我觉得和朋友们相处的时间不够长。

F：我不这样认为！你一直都和你的朋友们待在一起。

T：Williams 先生，尽量复述您儿子刚才说的东西就可以了。

F：他说他和朋友们相处的时间不够长。

T：很好。我们一起来仔细找找你儿子关心的问题吧。（开始这么做）

F：好的，你到底关心什么事呢？

C：我做了家务，也完成了作业，之后我应该可以去看我的朋友。既然现在我必须花更多时间上学，我就没有办法那么频繁地去看朋友们了。

F：好的，那你觉得你需要和朋友们在一起待多长时间呢？（治疗师点头赞许这一句话）

C：我不知道。也许每晚几个小时。这个很重要吗？

T：嗯，John，回答这个问题吧。我们现在不要做出讽刺性或过于负面的评论或提问。

C：好。我想每晚至少和朋友们一起待几个小时吧。周末的时候应该时间更长。（治疗师点头）

F：嗯，平常每天做完家务、作业，吃完饭后，晚上和朋友们一起待两个小时怎样？这样可以吗？

C：可以。

治疗师会让两个家庭成员讨论不同的主题，从而帮助你们更加恰当地沟通。治疗师还会就你们在进入下一步骤之前需要进行多长时间的简单谈话练习给出建议。下一个步骤可能包括另外两人之间的一对一谈话（如母亲和孩子），或者增加参加讨论的人员。例如，一旦这种父母一方和孩子的对话能较好进行，那么就可以让父母的另一方也加入进来。然而，要避免可能损害沟通过程的过分明显的联盟（如父母联合对付孩子）。如果出现问题，治疗师会再次重复这一步骤，并给出反馈，例如：

C：当我和朋友们在一起时，我应该可以做我想做的事情。

F：好，听起来你想要更多的自由，是吗？

C：是的，我觉得是这样。我差不多已经成年了。

F：嗯，你正在长大……

M：（对父亲）Frank，他还没有成年。

F：我知道，但是John似乎觉得他就快成年了。（对孩子）是吗？

C：是的，因此我应该可以做我想做的事。

M：你不能随心所欲做你想做的事，你爸爸和我会讨论你可以做什么，不可以做什么。

T：好的，Williams夫人，注意尽量只是解释John刚刚说的话，从中收集信息就可以了。

M：好吧，他说他要做自己想做的事。（对孩子）你想做什么样的事情呢？（治疗师点头）

如果您的家庭已经能够很好地倾听、解释，就一些问题进行简短的沟通练习，那么就可以进行更高级的沟通技巧训练，包括进行更为扩展的谈话，这些谈话在本质上更具有建设性。和前面一样，首先，也需要治疗师与某一位家庭成员一起示范建设性的谈话，包含角色扮演和反馈。在家庭成员练习这种扩展的对话时，治疗师要密切注意那些消极的沟通。另外，您的家庭可能更多地关注赞扬和愉悦的增加。治疗师还会用一些时间帮助您的家庭成员用一种更积极的方式重新组织一些评论。例如，这样的句子“你刚刚才完成家庭作业”可能改为“我很高兴地发现，你准时完成了家庭作业”。

潜在问题

许多因素会阻碍沟通技巧训练的推进，这些因素包括：悲观、谈话者的惩罚、沉默。在许多严重的拒绝上学行为案例中，家庭成员已经于此抗争了好几个月甚至好几年。因此，负面交谈模式已经根深蒂固，家庭成员对于改变也变得非常悲观。在这种情况下，应该让他们看到他们可以在一个基本的水平上进行较好的沟通，这一信号也是未来改变的希望。因此，在基本水平上进行较多的练习是必要的，同时，简单积极的谈话也可能是比较现实的最终目标。当一个家庭成员一直在沟通中批评另一个成员时，上面提到的第二个问题就可能会发生。在这种情况下，治疗师可以做一个调停者，先允许一个成员表达，然后治疗师自己解释信息，并将信息呈现给另一家庭成员。这样的方法可以解决导致家庭成员间敌意的谈话的家庭问题。最后，如果沉默是阻碍沟通的问题，可以关注愿意说话的成员，让沉默者观察谈话。在和沉默者进行一对一交谈练习时，和他们建立友好关系，传达积极参与治疗的意义，尽可能地将他/她纳入到治疗中来。

值得提醒的是，家庭成员不能在短时期内完全改变所有敌意的谈话，然而，当治疗推进到此阶段时，家庭成员应该能够知道怎样会使情况好转，怎样会阻碍治疗的进展。家庭成员应该在倾听和正确解释对方谈话的能力方面有很大的提高，此外，家庭成员还应该在召开家庭会议及设计新协议时使用这些技巧。此时，如果家庭成员还达不到这个程度，那么要重复前面会谈中的治疗程序。另外，治疗师还可以使用其他的家庭治疗方法来继续探寻可能阻碍家庭成员积极沟通的其他问题和家庭动力问题。

定义问题行为

治疗师会回顾您家庭之前建立的协议是成功还是失败。他/她会详细地探索任何可能阻碍协议成功的问题。一个常常阻碍协议成功的因素就是孩子在校外和朋友们进行的活动。阻碍协议成功的活动各式各样，它们可能是很微小的（如，中午很短的一段时间在某个快餐店吃午餐），可能是中等程度的事件（如，整个下午都在购物中心闲逛），也可能是很严重的事件（如，白天聚会、使用毒品、性行为、赌博，而且时间较长）。此时，在治疗中，您需要知道每天的上学时间里您的孩子都在哪里，在做什么。

如果问题持续干扰上学行为协议的执行，那么您需要进行一些更严格的步骤。这包括：增加对上学行为的奖励，对不上学行为施加更严格的惩罚（如果孩子和父母都同意），加强父母对孩子白天上学情况的监督，法律干预（如，联系警察制止聚会中的非法毒品使用）。然而，法律干预的方法要谨慎使用，不但要考虑到该方法对治疗效果的影响，还要考虑到可能造成的其他影响。确保要和治疗师进行协商。

另一个干扰上学协议执行的原因是孩子早晨睡眠过多的问题，或者说无法起床。这种情况对于那些已经很长时间没有上学和没有形成早起习惯的孩子来说尤为严重。对许多青少年来讲，起床难是普遍和正常的行为。在另一些案例中，可能孩子存在生理问题或睡眠障碍（如果情况属实，你可以咨询医生或睡眠障碍临床医生获得评估和治疗的方法）。还有另外一种情况是，孩子只是睡觉太晚、没有足够的睡眠。在少数这种案例中，孩子会假装疲劳来拒绝上学。

在后两种案例中，您和治疗师需要设计一些创新的方法来让您的孩子起床并做好上学的准备。试着设置规律的早晨和晚间作息时间（见第六章），包括对特定时间起床的奖励、早晨设置闹钟来持续地提醒您的孩子起床、允许您的孩子晚点起床独自走路去学校。这通常需要一些监督，而且也不能保证孩子一定会起床。一些家长会试着用更加激烈的方式，但是我们不推荐用强制的方法。试着与您的孩子协商这一问题的解决方法，将这种解决方法合并到下一个协议中去。

在治疗的这个阶段，您的家庭应该已经能够定义问题行为。每个家庭成员都应该对如何定义问题行为、如何给出适当的奖励和惩罚有了自己的想法和观点。如果事情并非如此，那么，治疗师会重复前面阶段中提到的相关疗程。

最后，您和您的孩子应该一起确定一些方法来弥补落下的课程并维持学业成绩。这些方法有：课后计划、额外辅导、监督家庭作业、报告卡、每周进步报告、重新安排课程时间表、和老师会谈了解作业情况等。继续上学的一个很好的预期因素是良好的学业成绩。觉得布置的作业有吸引力或在学校有良好表现的孩子更可能待在学校学习。作为治疗的一个步骤，您和您的孩子需要考虑定义不同的学业问题及解决方法，并将其作为一份单独的协议。

拒绝同伴技巧训练

治疗进行到现在，您的孩子应该已经知道如何对同伴劝说他/她离开学校的行为作出反应。尤其是，您的孩子应该知道运用特定的语句和谈话技巧，使自己能够拒绝同伴的压力又不会被嘲笑和排斥。另外，您的孩子应该能够意识到并且避免那些离开学校的诱惑。

然而，如果同伴压力仍然是个问题，那么治疗师会检查您的孩子的拒绝技巧。如果有必要和可能，治疗师会建议一些其他的应对技巧，如回避学校中特定的地点、不与特定的同伴说话、在图书馆完成作业等。另外，治疗师还会使用认知重建程序来矫正您的孩子可能存在的关于同伴、关于拒绝离开学校的提议的错误思维。例如孩子通常会担心在拒绝了离开学校的提议之后，他/她可能会失去朋友、变得可笑或感觉丢脸。如果这种情况存在，那么认知重建可能是没有用的。然而，如果您的孩子明显担心没有合理的理由来拒绝离开学校的提议，那么认知方法可能是有帮助的（见第五章）。

设计协议

如果之前包含上学行为的协议没有成功，那么治疗师应该探索任何对设计有效协议造成阻碍的突出问题。如果协议是成功的，治疗师可能会让家庭成员更新协议。然而，如果每个人都同意，您也可以对协议做出改变。另外，您的家庭可以设计出第二份协议，包含其他您关心的问题，如与朋友相处的时间和活动（图 7.3）、睡眠过多、学业问题等。这样做时，要记住对每一个问题都要有确切的定义，并制定出对每个人来说都可以接受的解决方法。

此时的治疗中，您和您的家庭应该能够为一个特定的问题设计一份很好的协议。您和您的家庭在设计协议的过程中也能够使用良好的沟通技巧。例如，家庭成员能够针对即将制定的协议中可能的变化进行简短的一对一的对话。如果可能，这一过程中应包含尽量多的家庭成员。

协议样本

权利	义务
为了在本次会谈和下次会谈间获得平时每晚 2 小时（18：30～20：30）、周末晚上 3 小时（19：30～22：30）和朋友相处的权利，（孩子）同意	遵守上学协议各个方面的规定，在离家之前告知父母他/她的去向，如果和朋友们一起时改变了活动地点，也要及时告知父母。
如果（孩子）没有完成上述义务，	他/她在接下来的两个晚上不能外出。
和朋友们在一起时，（孩子）同意不参与任何非法活动。如果（孩子）没有完成该义务，	本协议将终止，（孩子）晚上都不能外出，直到下一次治疗会谈为止。

（孩子）和父母均同意上述协议的所有条款，每天都阅读并执行本协议。

（孩子）和父母签名

____

____________________　　日期：____________________

图 7.3　协议样本

执行协议

与前面描述过的一样，治疗师会询问您实施上学行为和/或其他类型协议的情况。在第六次会谈结束的时候，您和您的家人应该能够意识到协议中存在的问题并做出修改。如果没有，那么您应该在治疗中进行讨论，因为现在这一方面的问题可能会导致将来的问题。与治疗师讨论任何可能破坏协议的事情（如，缺乏动机）。

监督孩子上学

如果您认为在上学日将孩子送到教室中去是有必要的，要保证他/她能够因上学行为获得奖励。另外，要确定如果孩子离开学校，您将和谁联系，您该如何从这种监督孩子上学的情境中逐渐地抽身出来。试着更多地依赖学校的工作人员（如，老师、咨询师、学生处老师、巡视老师等）来监督您的孩子，并向您报告孩子的日常情况。这样，您的孩子会产生一种预期：他/她的上学行为总是有人监督的。如果可能的话，对孩子的上学行为或拒绝上学行为提供及时的奖励或惩罚。

在一些持久的拒绝上学行为的案例中，家长发现，想要坚持执行完整的协议、给出惩罚、监督孩子去学校和班级，都非常困难。在这种案例中，一些家庭成员会感觉内疚或挫败，觉得他们的家庭像一个战场。您仍然需要继续关注与解决孩子的拒绝上学行为。然而，您还需要维持家庭的凝聚力和乐趣。例如，在很多持久的拒绝上学案例中，如果有必要，可以在周末的时候暂时抛开治疗计划，一起尽情地享受各种娱乐活动。因为此时治疗师对您的情况非常了解，因此如果您想这样做，要与他/她讨论。

家庭作业

第五次会谈和第六次会谈之后的家庭作业设置如下：

✎ 在本次会谈和下次会谈之间继续安排一到两次家庭成员间的非正式会议，如果家庭成员同意，为治疗师记录会议内容。讨论目前协议中仍然存在问题的部分以及有效果的部分，如果合适而家庭成员也愿意的话，可以进行沟通技巧训练。

✎ 考虑下一个协议要解决的问题和潜在的解决方法，坚持治疗程序，减少阻碍协议成功的因素。

✎ 如果适当的话，继续使用拒绝同伴的技巧。

✎ 执行目前的协议，如果必要的话，联系治疗师。

✎ 继续完成日志。

第七次和第八次会谈　完成治疗

在第七次和第八次会谈中，治疗可以在很多关键点上进行改变。首先，因为您的家庭已经接近治疗的尾声，很重要的一点是让治疗过程能够更接近实际生活。例如，您的孩子应该自己上学，另外，如果可能，您给孩子设计的奖励也要更加接近于自然情境。而且，您的家庭还应该更加独立地不依赖于治疗师来建立协议。但是要小心，不要偏离让您的孩子重回学校的治疗程序太远。

其次，如果孩子的拒绝上学行为全部或几乎被解决，那么治疗程序应该扩展到其他问题行为领域。例如协议的方法可以运用到其他时间段（如周末）或其他行为上（如争吵)。然而，也不要过早地将治疗方法运用到其他问题上，要到孩子的拒绝上学行为得到控制以后才可以。

在第七次和第八次会谈时，治疗过程应该完成，您可能愿意和治疗师谈论结束治疗的话题。同样，治疗师也会给您一些建议帮助您处理孩子近期和将来可能出现的行为问题和其他问题。治疗师还会给您一份需要避免的潜在缺陷的列表，并帮您安排长期跟踪访问和支持性会谈（见第八章)。

确定协商解决问题的时间和地点

治疗师会回顾你们在家里进行的家庭会议，尤其是家庭成员如何练习协商和沟通。回顾这一方面您家庭中的主要问题的清单。如果您的家庭还在继续争吵或在设计协议方面有问题，那么治疗师会回顾前面阶段中的一些材料，来帮助你们改善协商或沟通状况。

为了确保您的家庭牢固掌握了协商和沟通技巧，治疗师会给您一个假设的家庭问题，让家庭成员进行讨论。治疗师会查看你们沟通问题的对话，有必要的话会做出一些干预。

如果您的孩子能够比较规律地去学校，那么你们的家庭会议/协商/沟通过程应该保持现在的状态。如果您有其他的问题，那么与治疗师进行讨论。例如，一些家庭擅长解决有关拒绝上学行为方面的冲突，但是对于其他领域的问题则束手无策，比如在婚姻问题、孩子其他行为问题、户外活动问题、经济问题和兄弟姐妹交往问题方面，家庭成员往往争吵不休。如果您愿意，治疗师会将协商和沟通的技巧训练扩展到这些问题上。记住，如果您的家庭能够适当地处理所有这些问题的话，那么复发的几率很低。

在第八次会谈中，治疗师会最后回顾一下你们的家庭会议，并且告诉您一些您的家人之间如何协商和沟通的细节。而且，关于家人之间如何开展适当的谈话，治疗师会给您的家庭一个指导性的总结。他/她会指出哪些特定的协商和沟通方式能够帮助您的孩子回到学校。记住协商和沟通的一些基本规则：简单、清晰、尊重、站在他人角度考虑。

记住，一旦家庭恢复到相对平静的氛围，您的家庭很容易退回到原来的交流模式中去。特别值得注意的是，家庭成员可能回复到沉默状态，或者是大喊大叫地表达自己的意见。同样，父母也会开始认为孩子的良好表现是理所当然的，因此忘记给予奖励，或在出现重大行为问题时才考虑施以惩罚。为了帮助您减少这些问题，您的家庭应该继续有规律地召开会议，并练习治疗中学习过的协商和沟通技巧。

定义问题行为

治疗师会回顾你们之前的协议是成功还是失败。和以前一样，他/她会继续探索任何可能阻碍协议成功的问题。如果同伴压力依然存在，那么治疗师会检查孩子的拒绝同伴技巧练习的进步，并检查孩子的使用情况如何。如果您的家庭在解决问题方面存在问题，那么，治疗师会帮助您的家庭重新定义问题行为、选择奖励和惩罚方法。如果有必要，他/她会退回到原来的更简单、有更多时间限制的协议阶段。为了让您的家庭对定义问题行为有更牢固的领会，治疗师会给你们提出一个虚构的、含糊的问题，让家庭成员去定义它。他/她会发现你们的问题并及时进行解决。

如果您的孩子已经有规律地去学校，那么你们的协议程序要继续使用。如果您还有任何其他问题，都要和治疗师交流。例如，许多家庭都存在其他问题，这些问题行为并没有像拒绝上学行为那样被定义从而通过协议解决。现在，集中力量关注这些问题将帮助家庭成员在未来的几周内解决它们。给治疗师列出这些问题。跟拒绝上学相关的问题包括：侵犯行为、在其他环境中不服从、不能完成作业、社交退缩、发脾气、耍赖、家里或课堂上的一般性破坏行为、争吵和大喊大叫等。如果这些问题以及其他问题仍然存在，那么您要与治疗师一起确定具体的定义以备将来使用。

另外，一些父母可能仍然会对孩子有些嘀咕抱怨，如："Joshua 在学校少了些自信"，"Sarah 不太能尊重别人"，或者"Andrew 就是个坏孩子"。鼓励家庭成员避免这样的侮辱性评论，让他们以积极而清晰的方式重新组织负面的评论。例如，对于上面的评论，我们建议家庭成员使用下面的这些评论方式："Joshua 需要将成绩提高到 B 级水平"，"Sarah 在和父母沟通时应该使用更礼貌的语气"，"Andrew 应该更积极地参加课外活动"。记住，具体的、积极的句子比模糊的、惩罚性的句子有更多的治疗价值。

在第八次会谈时，治疗师和您的家庭应该完成最后的问题行为定义。治疗师会给您的家庭一个总结，关于定义问题行为中应该注意的例子和指导。记住，要对家庭中将来可能会遇到的一般性问题做出定义。而且，治疗师还应该指出，哪一种定义问题的方式对您的孩子回到学校最有帮助。记住定义问题的一些基本原则：简单、明确、一次只处理一个问题、允许所有家庭成员给出他们自己的定义。

还要记住，当家庭气氛变得平静时，您的家庭很容易退回到原来的交流模式中去。特别是，有时家庭成员会发展出一种倾向，定义问题很具体（如，孩子应该在学校），但却是不完整的（在学校多长时间）。记住要包含所有这些基础要素。另外，要记住，您的孩子可能需要持续的支持来对抗逃学的同伴的压力。您可能要和治疗师一起处理这个问题。最后，记住一个防止您的孩子将来拒绝上学的关键点：帮助您的孩子维持学业成绩。这可能会要求您和学校工作人员的持续接触，让这些工作人员提供日常的或每周的报告卡。

设计协议

治疗师会继续让您设计一个符合您家庭目前情况的新协议。如果可以，试着扩大协议的时间期限（如，从一周增加至两周），并且在这个过程中，和尽可能多的家庭成员练习沟通技巧。如果您的家庭在设计协议方面还存在问题，那么治疗师会用一些前面治疗中的材料帮助您。

为了确保您的家庭对如何设计协议和如何适当沟通有深刻的领会，治疗师会给您一个假设的模糊的问题，让你们为这个问题设计一份协议。例如，治疗师可能会给您一个家庭情节：孩子最近开始在自己的房间中吃饭，逃避和家庭成员在一起。在这个例子中，治疗师可能还会假设是家庭成员的争吵让孩子独自吃饭。治疗师会适当保持问题的模糊性，让您的家庭能够处理不清晰的情境。记住，您将来在生活中也可能会处理类似的模糊的情境。

在这些描述之后，您的家庭可能会在最后几次会谈中开始学习解决问题策略。治疗师会观察你们如何定义问题、如何与他人沟通、如何设计协议。他/她会查看，是否会有一个或少数几个家庭成员垄断这一过程，如果他/她发现这个问题会及时解决。在这个“练习时间”之后，治疗师会给您的家庭成员反馈哪些地方成功、哪些地方还需要改善。要确保提出并解决任何将来有可能破坏有效协议的问题。

如果您的孩子已经能够比较规律地去学校，那么协议设计过程可以继续照常执行。如果您还有其他问题，那么与治疗师讨论。另外，为相关的问题草拟一份协议，也许将来您可能会用得到。

在第八次会谈中，您的家庭和治疗师要完成协议的最终设置。治疗师会给您的家庭一个协议设计方面的总结性的例子和指导。记住设计协议的一些基本规则：所有成员都同意、明确和严格地定义条件、给予足够的奖励和惩罚、限制实施时限、签名、所有成员每天核对协议。治疗师会指出哪些特定的协议会帮助您的孩子重返学校。

由于设计协议的过程需要家庭成员付出时间和努力，所以他们有时会放弃这一过程。特别值得注意的是，有些家庭可能会开始使用“口头协议”，这时就会随便定下一些协议，即如果孩子做了“A”，那么父母就会做“B”。这种方式包括两方面的问题：首先，家庭成员并没有认真花时间来设计协议，这样可能会导致漏洞、曲解和遗漏。其次，这种方法暗含的假设是，父母贿赂孩子让他们做出某些行为（如，上学），但是对缺乏这个行为（如，不上学）则不给予惩罚。尝试使用您在治疗中学到的正式的协议过程。

执行协议

治疗师会继续询问您之前的协议的执行情况。如果您的家庭在执行协议方面还存在一些问题，治疗师会采用前面治疗阶段中的一些材料帮助您解决问题。而且，如果您目前正在护送孩子去学校，要逐渐从这个行为中抽身出来，学习更多地依赖学校的教职员工帮您监督孩子，并向您报告他/她在学校的日常情况。

如果您的孩子已经比较规律地去学校，那么像以前一样执行协议。如果您有任何问题，要和治疗师协商。例如，一些家庭成员可能想在协议中加入一些其他行为和情境。确保不要加入过多的内容，如果可能将它们分成几个小型协议。

到了第八次会谈，您的家庭应该已经在执行治疗师帮你们设计的最后一份协议。协议的执行程序前面已经描述过了。与治疗师讨论任何可能干扰协议有效性的问题。治疗师会和你们讨论一旦停止治疗您的家庭通常可能会面临的问题。例如，一些家庭可能会在协议开始和结束之间改变协议。如果这样做的目的是为了防止漏洞，那么这个改变很好，然而，一些孩子往往纠缠父母，让父母放松要求从而使协议更符合自己的需求。此外，家庭有时也可能在没有深入讨论的情况下延长协议的时限。这可能没有考虑到孩子的偏好或生活的变化，从而使协议荒废。你们应该至少每周讨论一次协议。

家庭作业

第七次和第八次会谈之后的家庭作业设置如下：

✎ 每周至少两次召开正式家庭会议，讨论各种主题和问题。练习沟通技巧。如果有家庭成员愿意提出一个新问题，那么每个家庭成员都要尽可能地给出具体的定义。

✎ 在这些会议中，如果有必要，为一个特定的问题计划协议。在规定的时间里执行协议，讨论目前协议中的问题和有效性如何。尝试减少阻碍协议成功的问题。

✎ 定期回顾治疗师给你们列出来的治疗过程中的缺陷。

✎ 如果有必要，与治疗师保持定期的联系，以便治疗师支持、反馈、解答问题、长期跟踪、进行支持性会谈。

第八章
预防倒退和复发

本章我们会定义倒退和复发，并向您简要地概述治疗师如何帮助您的家庭预防孩子重新退回到拒绝上学行为中。正如在第一章中提到的，长期的拒绝上学行为可能会导致孩子在成长过程中出现长期的问题。因此，您必须学会预防倒退，并尽快地解决出现的新问题。根据您的情况，治疗师可能会给您更具体的建议。

倒退和复发

倒退是指治疗后出现一个单一的错误或一些倒退。倒退包括轻微地回归到原有的行为，仅仅只是轻微地干扰到家庭的日常功能。倒退包括：缺席某天课程、一两天高压状态、短期逃避某门课、突然却短暂地从学校逃回家的行为。倒退情况并不罕见，尤其是在周末、假期结束后可能经常出现，或者在以学年为教学周期的学校，孩子们为了获得休息而倒退。

复发则是指完全回归到旧有的问题行为或几乎回到治疗开始时的状态。因此，在拒绝上学行为人群中，复发可能包括：几天甚至是几个星期不上学、持续高水平的痛苦感、回避学校的社交情境或评价情境、为获得关注或其他实质利益而表现明显的不当行为、由于孩子的拒绝上学行为而产生过多家庭冲突。

如果出现倒退

如果出现倒退，那么可能是孩子在考验您的决心，您需要回到本手册中所提到的治疗任务中。另外，记住您和您的孩子学到的各种技巧（见第四章到第七章）的关键点。如果有必要，与治疗师一起回顾一下方法的关键点：暴露、放松和深呼吸、冲突解决和认知重建练习、家长命令、父母对上学和拒绝上学行为的坚定和一致的意见、强制孩子上学、协议、沟通技巧、其他相关的治疗方法。一个很好的方法是，与治疗师一起设计“复发预防单”，上面包含了如何应对各种假设情境的关键提示。您和您的孩子可以定期地回顾这个表单。

表 8.1 中列出了每一种治疗中的一般性的提示。记住，这个表格并不是无遗漏的，甚至不是一个必要的列表。治疗师会根据您家庭特殊的历史和问题，帮助您设计特定的预防复发提示。特别是，这些预防复发的表格通常包括一些基于儿童的策略，主要有：处理特定的焦虑激发情境、获得家庭作业和出勤记录的程序、家庭规则、协议、对孩子不同行为的适当的家庭反应（如，如果孩子逃学或者缺课，那么家庭可以做些什么）。

表 8.1　　复发预防提醒示例

针对为了逃避引发痛苦/负面情绪的事物或情境而拒绝上学的孩子

1. 必要时或每周进行一次放松练习和深呼吸练习。
2. 记录每天感受到的压力，并在晚上和父母回顾。
3. 放弃安全信号和方法，每天完成一个有压力的活动。
4. 在暴露发生时，练习自我强化。

针对为了逃避令人苦恼的社交和/或评价情境而拒绝上学的孩子

1. 每天感到苦恼、痛苦的时候记录下自己的自动思维。
2. 必要时练习改变思维来应对情境。
3. 每天接触三个人，和他们交谈五分钟。
4. 每学期参与一种课外活动。

针对为了获得关注而拒绝上学的孩子

1. 每天回顾给孩子的命令。
2. 无论孩子在任何情境、任何时间表现出不当行为，给其施以惩罚；在孩子发脾气时也坚持为他/她做上学的准备。
3. 保持孩子早晨作息的规律性和可预见性。
4. 允许孩子每小时就一个主题提问一次。

针对为了获得校外实质利益而拒绝上学的孩子

1. 每天监督孩子的上学情况。
2. 每周一次和老师及学校其他相关人员联系，了解孩子的学习表现。
3. 每周安排一次解决问题的家庭会议。
4. 每月设计和执行一个协议。

当倒退出现时，不要气馁。一些家庭成员会错误地认为，如果孩子再次拒绝上学或变得更加焦虑，那么整个治疗过程就白费了。事实并不是这样的。倒退通常是不严格的努力、您和您的孩子没有完成自己的那部分任务而造成的结果。相反，试着将这种情况看成一种挑战，能够帮助您和您的孩子练习治疗中学到的技巧。

如果倒退已经持续了一些时间，或者如果您和您的孩子对重新出现的拒绝上学行为感到越来越多的挫败，那么请与治疗师取得联系。事实上，治疗师会建议您在结束常规治疗之后，偶尔也要和他/她通过电话保持联系。通过这种方法，您和治疗师可以探讨取得的进步，也可以讨论任何可能导致倒退出现的问题（如，上课时间表的改变、学业问题、其他压力源等）。然而，不要过度依赖于治疗师的反馈。相反，试着利用你们在治疗中学习到的技巧来解决任何新的问题或倒退问题。

如果出现复发

如果倒退太过频繁，您的孩子可能会复发拒绝上学行为，那么您一定要与治疗师讨论。他/她能够给您提供一些反馈，告诉您该做些什么，或者安排您和/或您的家庭再次进行额外的治疗。

不要等到下一个学年再来解决复发的问题。如果孩子是在春季学期的后期开始拒绝上学，有些父母会感到失望并且只是单纯地等待这个学期结束，或是觉得时间已经太晚，来不及解决孩子拒绝上学的问题。然而，如果孩子在春季学期末拒绝上学成功，那么他/她可能会好几个月都不上学（如，春季和夏季学期），这无疑也会影响秋季学期上学。对于父母来说，一个更好的方法就是即使是在春季学期末，也要让孩子立即上学（可能需要治疗师的帮助），让孩子坚持夏季学期上学，或采取其他方法让孩子保持积极状态。这种方法也会给孩子传达这种信息：拒绝上学行为必须马上杜绝。

如果复发出现，不要气馁。复发的确会发生，尤其是在那些严重的拒绝上学的案例中。毅力和本手册中提到过的任何技巧一样重要。换句话说，您和您的孩子为了解决这个问题所做的努力越多，您和您的孩子就越可能看到长期的成功。

预防倒退和复发

您、您的孩子、治疗师都会使用一些方法来预防倒退和复发，甚至在它们发生之前就采取行动。这些方法中有一些是在治疗结束时就可以使用的，有一些可以在将来的某个时间使用。

照片和返回校园的故事书

预防复发的一个方法是在进行现场暴露或系统脱敏练习的时候拍照。这种方法对那些之前在学校感到痛苦或社交焦虑的儿童非常有效，同样适用的还有那些为了引起注意或获得校外实质利益而拒绝上学的孩子，以及那些第一次出现拒绝上学行为的孩子。不论是何种原因，照片都是强化孩子取得的成就的一种方法。您可以将照片展示在家里显眼的位置（如，冰箱、卧室门），也可以展示您的孩子的报告卡、图画或其他个人成就。通过这种方法，您的孩子可能会不断被提醒他/她的进步。

另一种能够强化孩子进步的家庭导向的活动是，用孩子暴露的这些照片创造一张海报、一份杂志或一本故事书，来展示孩子取得的成绩。能够有帮助的照片包括：孩子坐在课桌前、与老师谈话、与朋友互动、坐校车、在班级里做报告等。帮助您的孩子给每一张照片写一个标题或一段描述，包括他/她在想什么、有什么感受、在做什么等等。照片和孩子亲笔写的文字作为创造性的、个人化的提示物和强化物，能够在孩子的治疗过程中起到很好的作用。

宣传节目

另一个预防复发的方法是“宣传节目”。具体来说，治疗师可能会让您的孩子帮忙制作一份“宣传节目”，目标是教其他孩子如何战胜拒绝上学的问题。这通常会在治疗结束的时候进行。

Philip Kendall 博士是这项技术的发明者，并且在预防倒退和复发方面取得了巨大的成功。为了完成这个“宣传节目”，治疗师会扮演节目的“导演”，而您的孩子是这个方面的专家、这场演示的明星。通过让您的孩子扮演克服拒绝上学问题的专家，孩子的自尊心和使命感会大大提升。

治疗师会教您的孩子如何操作，确保所有治疗的关键元素都能够呈现在这个节目当中。例如，如果孩子的治疗中包含放松或呼吸技巧训练，那么，这些方法都可以展示在节目当中。您的孩子会被训练如何描述焦虑感觉的三个部分（生理感受、思维、行为），以及这三个部分在压力情境中如何相互作用。认知方法（STOP）可能也会被描述到，包括您的孩子曾使用过的相关的例子。如果有便携式录像机，治疗师会让您记录下您的孩子在现场 STIC 任务中的行为表现，比如坐上去学校的校车、在自助餐厅吃饭等。

一些孩子会为这些录像设计非常有创造性的脚本。例如，一个孩子扮演了“游戏脱口秀主持人”，他向家庭成员和治疗师提问关于克服各种消极情绪的方法。另外一个孩子扮演了 NBC“今日热线”播音员，将“今日热线”节目的内容加入到她的录像中。在她的录像中，她通过“调查”拒绝上学行为，来揭示消极思维和“回避带来的行为恶化”。尽管这个录像的目的是教会其他孩子如何克服这个问题，但是它可以说是专门针对您的孩子的。您可以定期播放这个录像，来提醒您的孩子这个程序，防止他/她在遇到高压力或易感性的情况下（如开学之前、标准化测验期间）出现退步。

有组织的家庭外活动

在暑假或寒假这样较长的假期之后，孩子比较容易倒退到不适当的习惯或焦虑情绪中。出现复发的孩子往往都有负面情绪和焦虑。一般来说，治疗中学到的方法和计划在假期中都已被忘掉或放在一边置之不理了，家庭成员都有一种趋势，即听之任之，根本就不再坚持练习重要的方法和技巧。为了预防复发，让您的孩子在假期中也尽可能保持规律的“学校”作息安排。这就意味着早晨按时起床，坚持早晨的作息制度，晚上按规定就寝。这样就确保了孩子的正常睡眠模式，也能让他/她获得充足的睡眠。如果是暑假，父母应该在开学前三个星期就开始按上学时的要求规范孩子的行为，对于为了获得校外实质利益而拒绝上学的孩子来说，也要在此时逐步开始设定宵禁的时间以及限制孩子和朋友们相处的时间。通过这种方式，孩子每天的行为能慢慢适应随后上学的要求。

在暑假，父母也应该尽量让孩子参加有组织的家庭外活动，和其他孩子或成人交流。例如，夏令营、志愿者服务、体育运动、青少年组织以及图书馆项目都能让孩子和家庭外的人进行交流，这都能继续让孩子练习和锻炼焦虑管理技巧。此外，更多独立的活动能够帮助防止孩子出现过分依赖父母的倒退情况，对于寻求关注的孩子来说尤其是如此。如果无法提供有组织的家庭外活动，那么父母可以组织社区内的其他父母，形成一个游戏小组或活动计划，这样轮流为孩子提供活动。这种活动能轻微地“强迫”孩子和他人保持沟通交流，实际上也是自然的脱敏和暴露过程。对于存在分离焦虑的孩子来说，这样能帮助他们练习离开最重要的照料者而独立地进行活动。

支持性会谈

一些治疗师和学校会为以前拒绝上学的孩子提供支持性项目。支持性会谈可能会由个人或团体提供。这些会谈常常安排在每年的高压力时间段，如，开学前的 8 月上旬、学期中的假期或者考试阶段。支持性会谈的目的主要是回顾学到的技巧，讨论孩子担心的问题。通过预测这些问题并在发生前进行干预，孩子更可能成功地返回学校上学。对于从小学升入初中、从初中升入高中阶段的孩子来说，也许支持性会谈会特别重要。对于过去有过拒绝上学行为表现和曾经对学校情境有过焦虑、抑郁情绪的孩子来说，升学阶段可能特别困难，因此应建议他们参加一些支持性项目。通常来讲，这些支持性项目都是较有组织的、短期的，也是非常个性化的，能满足不同孩子的需求。

新学校介绍

由于很多孩子在应对变化的社会和学习情境时存在困难，

尤其是升入新学校（如，初中、高中）时存在很多适应问题，因此要让他们在开学之前提前熟悉新学校，这一活动可以在开学前几天来做，也可以跟孩子新学校的辅导员一起合作。然而，要小心，您的孩子可能不会将咨询师或咨询师的办公室简单地看作一个安全信号。在熟悉学校的过程中，特别值得关注的地方包括储物柜、特定教室、餐厅、图书馆、体育馆、教师办公室和指导老师办公室、出口、校车出发处等。此时，学校地图可以起到一定的帮助作用，但是父母应尽可能地鼓励孩子独立地去了解学校的情况。因为存在拒绝上学行为的孩子往往会担心迷路或看起来非常愚蠢，所以带他们熟悉新学校环境可以降低他们的预期焦虑，增加自我效能感，防止复发。孩子也应该获得有关他们愿意参加的学校社团或运动队的情况。父母可以慢慢地鼓励孩子在这些团体中更积极一些。

长期拒绝上学的孩子

对于长期拒绝上学的孩子以及有严重拒绝上学行为的孩子来说，预防复发非常有挑战性。一般来说，相对于短期拒绝上学的孩子而言，对长期拒绝上学的孩子的跟踪要更频繁、更深入。预防长期拒绝上学的孩子复发，可能要更多地依赖各方面的条件，如减少家庭冲突、减少孩子的不服从行为和破坏行为、改变父母态度、促进孩子参与课外活动、建立孩子和社会的联系、激发孩子上学的动机以及坚持药物治疗（如果合适）。因此，父母要警惕在某些方面的倒退，这和简单的缺课是不同的。您和治疗师还需要在常规治疗结束之后保持密切的联系。

还要记住的是，因为长期拒绝上学的孩子经常参与一些可选择性的或部分时间上学的课程计划，因此，父母应该意识到随之而来的变化可能会干扰孩子的上学情况。例如，一个有财政困难的地区可能会被迫撤销放学后的课程计划，而刚好孩子正在这个计划中接受教育。在这一案例中，孩子可以选择其他的安排，他/她可能得在白天、晚上或者暑期上课。另外，父母也可能发现孩子会出现新的干扰上学的行为（如，药物滥用、抑郁）。在这种情况下，父母应该联系治疗师获得支持，重新安排治疗会谈，或者找其他的专家进行治疗。

总的来说，长期拒绝上学行为的预防是一个比较艰巨的任务，它取决于对孩子上学情况以及相关行为的密切监控，这个过程至少要持续好几个月。父母应该和治疗师以及学校相关人员（如老师、咨询师、考勤官）保持良好的关系，这样他们能尽可能早地帮助识别和解决孩子的问题。通过这种方法，父母可以和其他人一起降低孩子的复发可能性。

最后述评

对于父母和孩子而言，解决拒绝上学行为问题都是一个尝试性的经历。因为这是个很耗人的问题。本手册试图提供一些指导来鉴别核心的拒绝上学行为，给出及时的处理方法。我们希望本手册中的一些或者大部分方法都是有用的，我们欢迎您对这些方法提出任何意见和建议。根据多年的工作经验，我们发现，最优秀的专家通常都是孩子和父母自己。

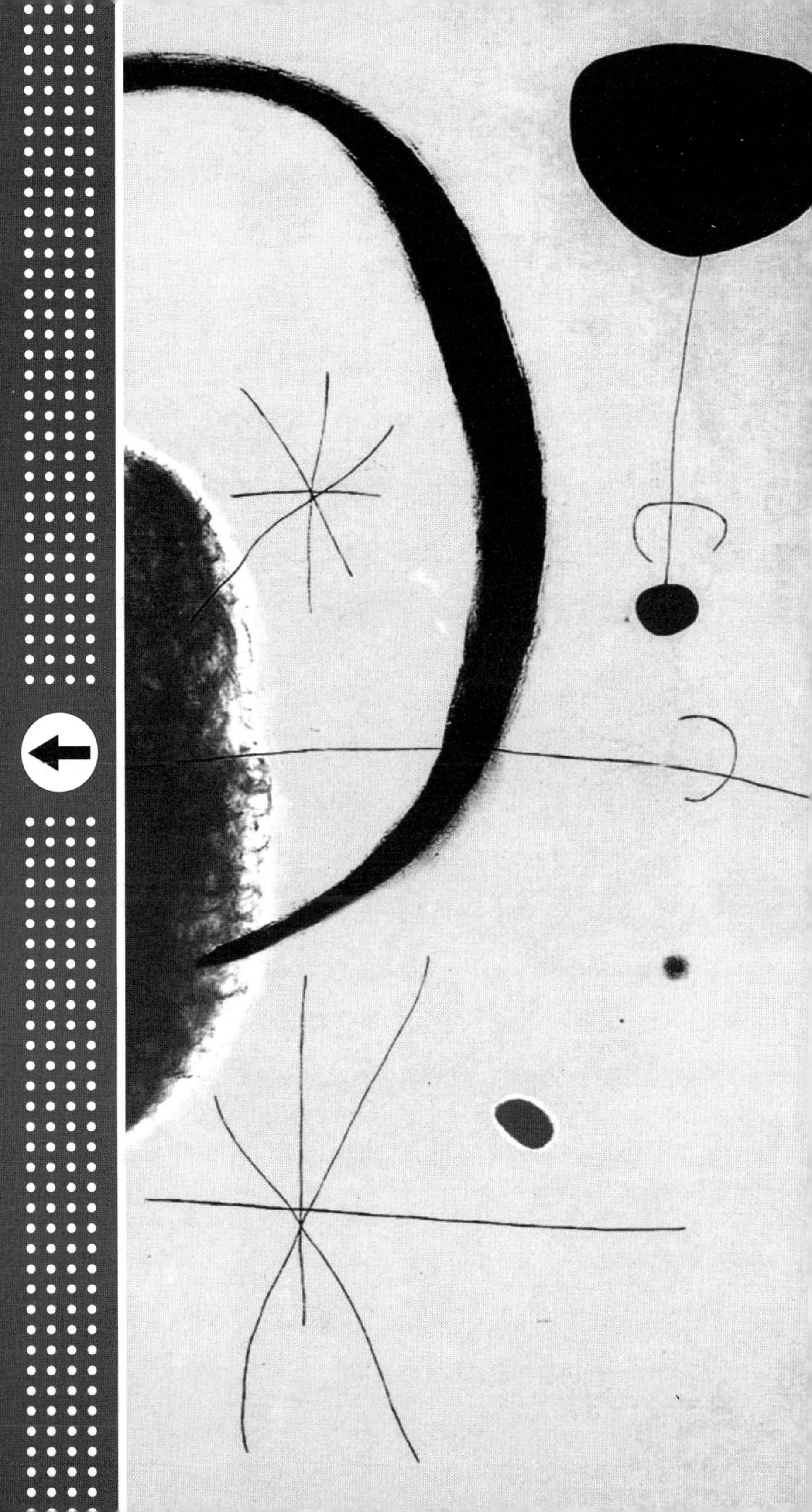

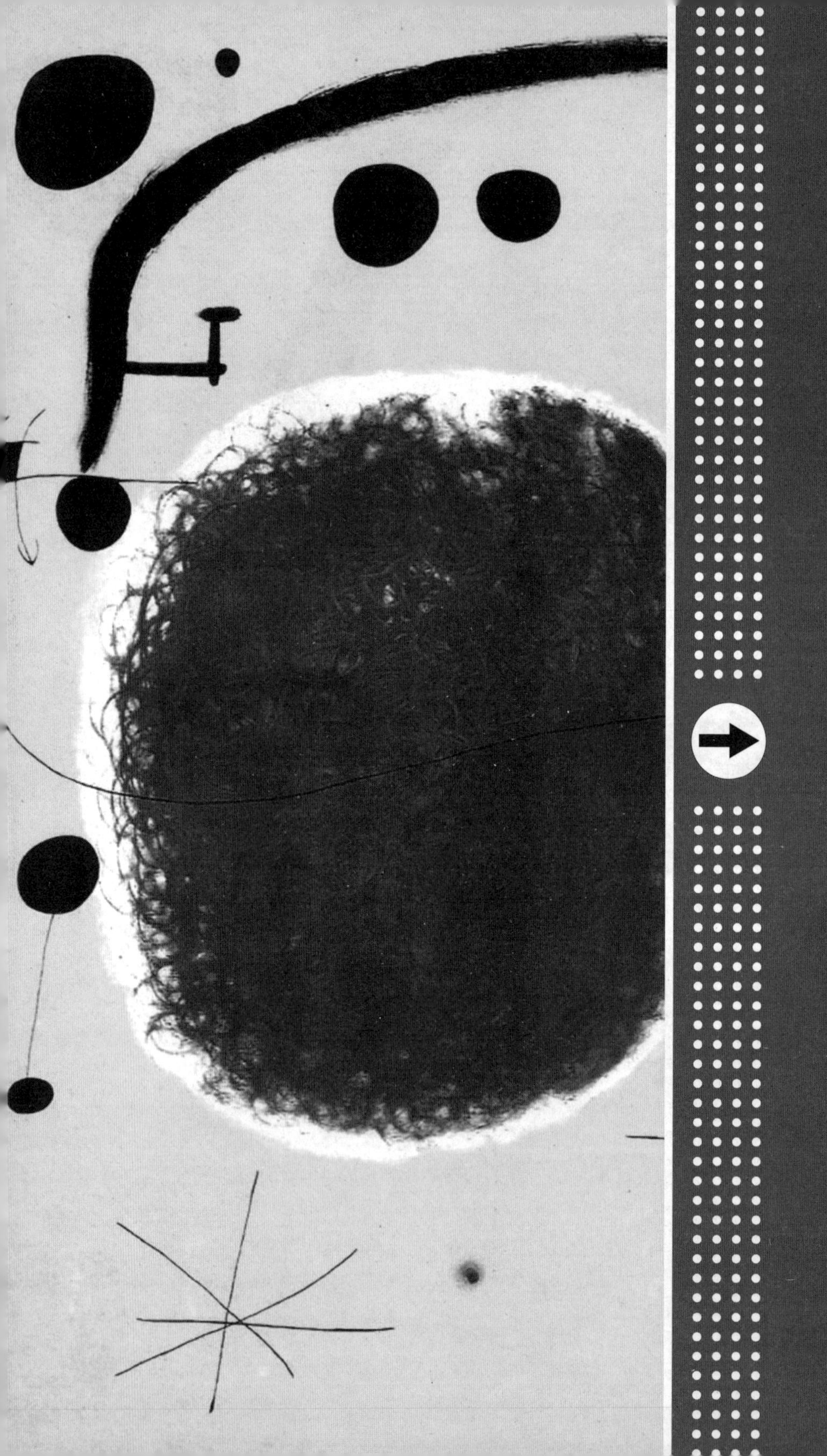